Sur le Lac Moero

(Encore le Katanga)

PAR LE

Commandant MORISSEAU, JULES

BRUXELLES

IMPRIMERIE SCIENTIFIQUE

CHARLES BULENS, ÉDITEUR

Rue Terre-Neuve, 75

—

1910

SUR LE LAC MOERO

(ENCORE LE KATANGA)

Sur le Lac Moero

(Encore le Katanga)

PAR LE

Commandant MORISSEAU, JULES

BRUXELLES
IMPRIMERIE SCIENTIFIQUE
CHARLES BULENS, ÉDITEUR
Rue Terre-Neuve, 75
—
1910

SUR LE LAC MOERO

De Saint-Jacques de Lusaka à M'Pweto (Moero)

ALLER de la Mission de Saint-Jacques à M'Pweto, c'est bien simple, dit le Père Blanc Vanwinckel, un Maeseykois; vous remontez la Lufuko, puis vous descendez la Lufunzo jusqu'au Moero. — C'est même simpliste, mon Père, quand on peut faire fi des chemins, boire les marais et les rivières, bouffer les rochers et les montagnes. — Alors, fiez-vous à votre nyampara des pagazis. C'est lui qui accompagnait le commandant Lemaire, je vais le faire venir.

Voici le personnage en question : un gringalet, l'air fouinard, la face ravagée par la variole. Son regard inquisiteur se porte successivement sur le Père Supérieur, le brave Auguste Van Acker, les Pères Lemoine, Vanwinckel, sur Pajole, sur moi; que lui veut-on?

Au courant de la question, il devient loquace. De son abondant discours, je saisis que la première étape est de quatre heures, on arrive chez Kalunga-Kiambo par un chemin aisé : en pays plat d'abord, ensuite dans la montagne, la pente n'est pas trop orte. Le deuxième jour, trois heures et demie de marche, un chemin sans pente sensible, on loge chez Lupupula. Le troisième jour, quatre heures et demie dans un site accidenté, halte chez Kampéra, un grand village où il a été placé un soldat résidant. Le quatrième jour, on campe sur la Kumpanda, une rivière aux eaux claires, courant rapides à travers des roches. Le cinquième jour, sur la N'Guoi, trois heures et demie de marche. Le sixième jour, la contrée à traverser est marécageuse; après quatre heures de marche, on est chez Kissali, grand village sur la Lufunzo; ici encore, un soldat résidant. Le septième jour, après quatre heures de marche, on loge à la rivière Kabele. Enfin, le huitième jour, d'une seule traite de sept heures, on atteint M'Pweto.

Un mot, en passant, sur le rôle de ces soldats résidants. Comme je l'ai dit ailleurs, les postes sont peu nombreux dans la zone, cinq en tout : M'Toa et Moliro sur le Tanganika, M'Pweto et Kilwa sur le Moero, Lukafu à l'intérieur. Et encore, il y a beau temps déjà, qu'il n'y a plus d'agent blanc à Kilwa.

Les deux lacs sont une barrière assez aisée à garder, mais entre ceux-ci et au sud du Moero, le territoire est à découvert. Pour contrôler les entrées et les sorties des marchandises, empêcher les fraudes, on avait éparpillé le long de la frontière, des soldats de confiance, faisant office de douaniers.

Ces gens, naturellement, ne comprirent rien à leurs consignes, mais ils s'arrangèrent de façon à y trouver un avantage. Voyant le blanc prélever un tantième sur les objets d'échange, le noir l'imita, choisissant et

prenant à sa convenance et à son profit. Les marchands sans scrupule y trouvant leur compte, pacti-
sèrent d'abord avec le noir, mais l'entente ne dura
guère. Bientôt, ces exigences tout à fait arbitraires
furent telles, que les écorchés crièrent : Au voleur!
et les English Révérends de faire chorus.

Quand il n'y avait pas de transaction, par consé-
quent pas de *matabiche*, le soldat reportait ses pré-
tentions sur le chef du village, qu'il réquisitionnait
sous prétexte d'amendes; or, le chef, bon larron, ne
l'entendait pas de cette oreille; il voulait bien par-
tager les bénéfices, mais ne tenait pas à être spolié.

D'autre part, si le soldat manquait d'énergie, on
l'intimidait. La population flottante de la Luapula,
abandonnant le village, faisait le vide autour du mal-

heureux, qui, apeuré, désertait son poste, pour venir, mourant de faim, rôder autour de la station. Parfois, ils étaient écartés par un habile stratagème. C'est ainsi qu'un jour, à la suite d'un ordre donné par un blanc (?), tous les douaniers revinrent à Lukafu; pendant ce temps, ivoire, caoutchouc avec les porteurs (marchandises aussi) passaient la frontière devenue libre.

C'est bien ainsi que l'entendent d'aucuns, qui réclament la liberté du commerce, se gaudissant à ventre déboutonné, tandis que de sinistres farceurs, leurs complices, s'en vont crier partout, comme des poules traquées : A LA TRAITE! A L'ESCLAVAGE!

L'événement prouva donc que l'on avait trop présumé des qualités morales du nègre; vu les nombreuses défectuosités du système, on s'empressa de le supprimer.

Aujourd'hui, on a augmenté le nombre des stations, plus que décuplé celui des fonctionnaires, et le problème n'est pas encore résolu.

Maintenant, revenons à notre nyampara, il s'appelle Baruti, ce qui veut dire poudre; ce nom lui a-t-il été donné parce qu'il est vif, ou bien habile chasseur?

Mon itinéraire est arrêté; comme les porteurs encombrent ici, ils partiront de suite et m'attendront chez Kalunga; je ne garde que mon lit et une petite malle, contenant des objets de rechange.

Je comptais partir le lundi 17, quand le dimanche, le Père Van Acker reçoit du commandant Verdick un billet annonçant sa prochaine arrivée. Son itinéraire diffère de celui que je me proposais de suivre. Je l'attendrai, je dois le voir, puisque je reprends ses fonctions. Cependant, le lundi nouveau billet (Verdick arrivera *peut-être?* mardi). Ce peut-être me décide, j'irai à sa rencontre.

Nous voilà en route, comblés des bénédictions des bons Pères et de deux paniers remplis de pommes de terre et de choux cabus.

Le long du fleuve, les salades et les choux montent en graines, on en consomme les feuilles, qui sont coriaces naturellement.

Ici, ces légumes pomment très bien, de plus le cabus amputé, il ne faut pas arracher la plante; autour de la couronne, on aura une seconde récolte de six à sept choux, gros comme le poing.

Le chou-fleur vient moins bien, et il est amer.

La Lufuko est passée à gué, le pont de singes devant être réparé.

Les cultures des catéchumènes sont traversées; nous atteignons les terres « des *sauvages* », comme les appellent les nègres de la Mission.

Nous voilà dans un large vallon, que tapisse un gazon court, d'un très beau vert; de-ci de-là, quelques arbres donnent un peu d'ombre. Ici, tout un monde s'agite : des soldats construisent des abris au moyen de branchages; des mères allaitent leurs derniers nés, d'autres font la popotte, les porteurs rassemblent les charges : paniers de caoutchouc, défenses déléphant, des caisses, des malles. Deux tentes sont dressées. On construit un kiosque avec des branches. C'est le campement du commandant Verdick et de son adjoint Delvaux.

Ils n'ont pas vu le lieutenant Hendrickx, qu'accompagnent le sergent Branche et cinquante soldats nous précédant de plusieurs jours. Ils ignorent complètement leur arrivée, de même que la nôtre du reste.

Après avoir fondé le poste de Lukafu, ils ont remis le commandement du territoire au capitaine Vanden... et à son adjoint Lhiot. Maintenant, ils rentrent en Europe, tous deux découragés : le premier, parce qu'on le laisse trop longtemps dans la même situation ; le deuxième, parce qu'après quatre années et demie de Congo, il attend toujours les galons de sous-lieutenant. C'est cependant un garçon intelligent, énergique, ancien légionnaire d'Algérie, décoré du Tonkin. *(Peu après notre rencontre, il a été nommé directeur de l'Abir.)*

Pendant notre conversation, les boys ont cuisiné un plantureux festin. Nous avons apporté les légumes, les autres un énorme phacochère et une antilope-cheval.

C'est avec une vive satisfaction que je m'assieds à la table, sur laquelle fument déjà quatre pleines assiettes de consommé au riz.

Comme je mets la cuillère à la bouche, quelqu'être assez pesant me tombe sur la nuque et la comprime, tandis qu'une large patte se pose en plein dans mon potage.

L'intrus est un félin plus puissant que le chat, ses oreilles sont droites et pointues, ses grands yeux verts fixent le camarade Delvaux, qui, tranquille, me dit : « Soyez sans crainte, il n'est pas méchant et ses griffes sont coupées. » Cette déclaration ramène le calme dans mes esprits, quelque peu émus par cette prise de possession, aussi brusque qu'inopinée : « C'est que je voudrais manger ma soupe, sans ce particulier-là sur mon dos. »

Il est lié de solide façon à un jeune arbre, à quelques pas de nous ; là, il se reposera, tandis que nous savourerons notre chou rouge, garni d'épaisses côtelettes de phacochère.

Mais, voilà que ses instincts carnassiers sont réveillés à l'approche d'un indigène, porteur d'un panier, dans lequel des poules sont entassées. D'un bond aussi élevé, que le lui permet sa longe, et l'élasticité du jeune arbre qui plie comme un roseau, il se lance sur le noir, qui l'évite avec prestesse ; tandis que les gallinacés poussent des cris de frayeur, le fauve s'agite de façon fantastique, bondissant plein de fureur ; bientôt, il aura raison du jeune arbre, qu'il tord dans tous les sens.

Le guépard, ce doit être quelque chose dans ce genre, est enfin éloigné, et nous dégustons en paix nos filets d'antilope, pommes paille.

A la soirée, une certaine inquiétude m'obsède : depuis quelques jours, nos bagages sont chez Kalunga, un messager des Pères doit les amener en ce lieu, arriveront-ils ? ou bien devrai-je contempler les astres, une nuit durant.

Mes compagnons, vieux Africains, ne me laissent pas dans l'embarras ; sur un mot, des indigènes ont apporté de longues perches de 4 mètres, environ, comme en donnent les sapins du Nord ; en un instant, ils ont édifié deux pavillons de forme conique, en inclinant et juxtaposant les troncs. J'eus ainsi un logement spacieux et élevé, fort bien ventilé, trop même, pour qui n'a jamais couché sous les ponts.

Le mardi 18, on se sépare avec des congratulations réciproques : bon retour, bonne chance.

Après trois heures de marche, nous atteignons

le village de Monteni, où nous retrouvons nos bagages et nos porteurs.

Le mercredi 19, nous gravissons quelques coteaux, traversons des vallées ombrées de bois clairsemés, pour atteindre un plateau dominé et protégé par un cercle de montagnes. Au centre, un pâté de constructions très proprettes, qu'entoure un boulevard bordé d'arbres à étoffe; à l'extérieur, une ligne de chimbèques plus petits. D'habitants? pas un. Où sont-ils? Ils se sont enfuis. Pourquoi?

L'arrivée des soldats les aura effrayés. — Alors, c'est qu'ils ont quelque méfait sur la conscience.

Assis sur un pliant, je me repose, regardant la ligne bleue des cimes lointaines. Je crois presque rêver, quand dans le lointain, je vois se mouvoir des ombres fugitives. Maintenant, je distingue très bien : ce sont des têtes, quelquefois le buste aussi, qui tantôt apparaissent, pour disparaître bientôt derrière la crête des collines.

C'est tout à fait le jeu de nos cibles à éclipses.

Ce sont les indigènes, qui de loin nous observent. Ils s'apprivoisent, dirait-on, ils apparaissent plus nombreux, restant un plus long temps, à nous contempler.

Pif!... paf!... deux coups de feu; toute la bande a disparu.

Calmez vos nerfs, gens impressionnables, il n'y a pas homicide. Un soldat à la chasse a rencontré une superbe antilope, un coup d'albini l'a blessée, un second coup l'a abattue.

Peu après, le voici de retour avec deux camarades, Komungu l'accompagne avec quelques-uns des siens.

Je demande au chef, le motif de sa fugue, il feint de

ne pas comprendre, interrogeant les quatre points cardinaux.

Il est revenu, mais il redoute un châtiment, cependant il affecte une quiétude, qu'il est loin de posséder, regardant avec intérêt, le dépeçage de l'antilope.

« Sois sans inquiétude, mon vieux, tu auras ta part, il y a plus qu'à suffisance. Mais où sont tes

poules? Tu dois en avoir beaucoup.— Aucune, Boana (*Maitre*). — Et celles-là que je vois courir ot sauter comme de petites folles. — Ce n'est pas à moi, n'appartiennent-elles pas aux soldats?—C'est probable, on va les reprendre de suite. » Sur ce mot, le front du chef s'est rembruni, pour se rasséréner peu après, quand les volatiles ont disparu, emportés par ses gens.

« Vous devez néanmoins avoir des vivres, car vous mangez, sans doute. — Fort peu, voyez comme je suis maigre. » Puis il montre du doigt, l'antilope saignante. « Oui, oui, tu en auras, et si tu m'apportes des poules et de la farine, tu auras des étoffes et des perles, j'en ai de très belles. » Ces paroles produisent l'effet du vent, qui balaie les derniers nuages, sa figure rayonne, il vient de trouver un prétexte à sa conduite.

« Mes gens ne se sont pas enfuis, dès l'arrivée du blanc, ils sont partis moissonner ; mais les plantations sont loin... loin... *(m'bâ... â... â... li),* peut-être bien, qu'ils rapporteront aussi quelques poules. — Et celles-là, qui trottent dans le village. — *(Se retournant narquois.)* Je n'en vois pas, il n'y en a pas. — Naturellement, les tiens viennent de les enlever. — *(Conciliant.)* Je vais te chercher du pombé. »

Mon homme triomphant se dirige vers une cabane, pour en revenir dépité, portant deux pots proprement nettoyés.

Dès leur arrivée, soldats et porteurs furetant dans le village, ont trouvé les deux pots, qu'ils se sont empressés de vider consciencieusement, puis grattant le fond gluant, avec leurs sales mains poisseuses, ils ont avalé de grosses boules de la pâte aigrie.

A mon tour maintenant, à Komangu qui me montre les pots vides. « Où est ta bière, il n'y en a pas, je n'en vois pas. »

Après trois heures de marche, nous atteignons le village de Kikumbe.

Ce sont trois pâtés de cabanes serrées sur trois croupes, des tambours de roseaux hauts de 3 à 4 mètres, les clôturent, laissant entre eux d'étroits passages. Ici, déjà l'on craint la visite des lions.

A l'extérieur, des indigènes construisent des fours, où l'on brûle de la braise. D'autres examinent de petites masses noires, spongieuses ; c'est du fer après un premier grillage, il sera chauffé encore, puis martelé. On en fait des bracelets, des fioles pour le tabac en poudre, aussi des lances de 2 mètres à hampe creuse, des houes, des machettes, des haches. C'est du fer doux ; poli, il a l'éclat de l'argent et rouille moins vite que celui d'Europe.

Le vendredi 6, nous avons quitté le terrain marécageux, pour gravir les coteaux que recouvrent encore quelques rares arbres, la fabrication du fer en consomme beaucoup. Puis on est sous le bois, mais il n'est pas si touffu, que l'air et la lumière n'y puissent circuler. Il fait bon voyager sans se presser. Après six heures et demie de marche, nous atteignons Kitua, édifié sur un contre-fort de la montagne boisée. Un fossé large et profond le sépare de la forêt. On y accède par un sentier en pente, coupé obliquement dans les talus.

Les porteurs, les soldats, qui y ont pénétré en sont sortis au plus tôt. « Il ne fait pas bon là-dedans, la maladie y règne. »

Je pénètre à mon tour, tout est en ordre, le calme et le silence y dominent ; c'est la paix de la mort, que trouble par instant, un ah ! han ! douloureux. Apparaît un jeune homme à la figure triste et grave. « Ne restez pas ici, fait-il, les gens y ont la variole, plus de la moitié sont morts déjà, presque tous les autres sont malades. »

Pas n'est besoin de répéter deux fois ce conseil judicieux, je vais m'installer dans une clairière à quelques cents mètres.

Les porteurs déjà se sont groupés dans un vallon plus éloigné encore.

Les soldats, barguigneurs comme toujours, après s'être arrêtés à divers emplacements, finissent par s'installer au bord du fossé, à proximité du village contaminé. Je les chasse de là, leur montrant le danger de la contagion, mais les femmes qui les accompagnent, ayant allumé les feux, se mettent en devoir de préparer le repas du soir. Les indigènes leur ont apporté des haricots, de l'eau et du bois. Les porteurs n'ont rien accepté. Quant à moi, j'ai envoyé des sardines et du lait condensé pour les malades.

À la soirée, comme je me dispose à rentrer sous la tente, j'entends des hurlements de colère, bientôt suivis de cris d'effroi.

Sans aucun doute, ce sabbat vient encore de chez les soldats.

En effet, tandis que les vieilles gaupes arrachaient leurs tignasses moutonnières et graisseuses avec une mutuelle animosité, un soldat, un grand diable, a mis fin au crêpage, les envoyant un peu vivement rouler aux quatre coins, puis il a poussé le cri d'alarme, auquel ont répondu les porteurs, les soldats et même les indigènes ; c'est que dans l'ardeur de la querelle, les noires mégères ont renversé les foyers. Les tisons enflammés, dispersés à la volée, ont embrasé l'herbe et les brindilles sèches, inflammables comme l'amadou.

De rien qu'il était au début, l'incendie aussitôt devient formidable, effrayant, activé encore par la brise vespérale.

L'eau fait défaut, c'est à coups de gaules qu'il faut exterminer le serpent de flammes, dont chaque tronçon, grandissant avec la rapidité de l'éclair, devient à son tour un monstre effrayant.

D'abord c'est vers le village qu'il dirige sa gueule

dévorante, traversant le fossé, se glissant hâtif le long du sentier battu, jetant la terreur chez les villageois déjà si éprouvés. Arrêté de ce côté, il se retourne, va secouer la torpeur de quelques soldats fainéants, vautrés dans le gazon, amusés comme des enfants regardant un beau feu d'artifice.

Bientôt, le saurien est attaqué en tête, en queue, au milieu, sectionné en de multiples tronçons. Mais ceux-ci, animés d'une vie distincte, retrouvent une nouvelle ardeur, s'allongeant, se rejoignant avec des contorsions dans tous les sens, surprenant l'adversaire par des attaques simultanées : de front, de flanc, de revers, les mordant cruellement aux mains, aux pieds, aux jambes.

Ce brusque enveloppement a jeté la panique chez les jeunes soldats, qui fuient en déroute, abandonnant leurs gaules, poussant des cris gutturaux.

Je les ramène au combat, les adjurant d'imiter le calme des porteurs, qui, régulièrement espacés, avancent en ligne, étouffant l'incendie par des coups de perches méthodiques.

A la fin, le monstre cerné de partout, ne tarde pas à expirer.

Il était temps, déjà il n'était plus qu'à un pas de nos tentes dressées, nos lits déployés, la moustiquaire tendue, tous nos biens épars dans les herbes.

Comme je parcours le champ d'exploit du terrible dragon, je rends grâce au Ciel, que la rapidité des secours a eu si vite raison du fléau ; me réjouissant, qu'il y avait là, de providentielles perches en quantité suffisante.

Beau début de séjour en Afrique, voir flamber notre équipement et nos provisions.

Et le village, parlons-en de ces malheureux ravagés

par la variole, que serait-il advenu de ces pauvres
hères, si leurs chimbèques n'avaient fait qu'une
flambée? Sans compter l'inestimable ravage causé
dans la forêt, par ce temps de sécheresse extraordinaire.

Passant près des trois harpies, je ne puis m'empêcher de les tenser vertement, c'est la seconde fois
déjà, que leurs disputes amènent un tel accident. La
tête baissée, les yeux en coulisse, elles ricanent
sournoisement. Les soldats, Risasi et Sanduku, se
trouvent là justement, pour prendre leur défense,
affirmant avec l'assurance, qu'ils n'avaient pas tout
à l'heure devant les flammes, que les femmes n'y sont
pour rien ; le tout provient de la malveillance des
porteurs.

« Mais, sa... « bre de bois », ils sont loin, paisibles, silencieux : les uns occupés à leur popotte,
les autres à se reposer; demain avant le jour, tous
seront dispos, prêts à porter leurs charges; tandis
que vous autres, ce sont des criailleries de tous les
diables, demain plus de la moitié auront la fièvre.

— C'étaient les premiers, présents au feu.

— Parce que ce sont des braves, qui ne renaclent
ni au danger, ni à la peine; vous autres, soldats,
vous n'êtes que des *goï-goïs* (poltrons).

— Si ce n'est pas eux, ce sont les indigènes.

— Mais, les misérables sont occupés à crever dans
leurs tanières.

— Je ne les ai pas vus, fait Sanduku, montrant son
œil droit, mais ils en sont capables, puisqu'ils n'ont
apporté ni œufs, ni poules. Dans tous les cas, ce ne
sont pas les femmes.

— Moi, je vous dis que ce sont les femmes, je les ai
vues (même geste que Sanduku), et maintenant, vous

allez me f... la paix, sinon... (je leur montre ma canne); surtout, je ne veux plus voir un feu, plus un seul... du côté des soldats. »

Mais, cette menace ne produit pas l'effet attendu. Se redressant, joignant les talons, la main gauche à la hanche, la droite à la coiffure :

« Mon commandant, s'il y a danger pour les soldats, il y en a davantage pour ces lourdauds de porteurs, je vais leur ordonner d'éteindre les feux.

— Les porteurs sont des malins, rien à craindre avec eux.

— Pouvons-nous aller cuire notre manger chez eux ?»

J'acquiesce après un moment d'hésitation ; si je crains des contacts entre porteurs et soldats, je ne puis pas non plus obliger ces derniers à manger des haricots non préparés.

Ils en ressentent une joie non dissimulée, qui éveille chez moi des soupçons bientôt confirmés, quand je les vois gagner directement le campement des porteurs, oubliant d'apporter leurs pots et leurs vivres.

Je reste à mon poste d'observation, attendant l'événement qui ne tarde guère à se produire. Bientôt, je perçois des bruits de dispute et de coups; en deux enjambées, je suis sur les lieux de l'incident. Les deux compères ont avisé, en un coin isolé, un pauvre diable surveillant un pot, dans lequel mijote une nourriture quelconque. Sans lanterner, Sanduku a saisi le pot, tandis que Risasi armé d'un rotin caresse d'importance la tête et les épaules du pagazi, qui, malgré de cuisantes brûlures aux mains et aux bras, se cramponne à sa propriété, avec une énergie désespérée, poussant des sons gutturaux que lui tirent la colère et la douleur.

« Eh bien ! eh bien ! qu'est-ce qui vous prend là, vous autres ? »

Question usuelle, mais bien superflue en l'occurrence, puisque je voyais parfaitement ce qu'ils prenaient, ou plutôt ce qu'ils voulaient prendre.

La soudaineté de mon intervention produit une diversion, dont profitent mes deux gaillards; tandis que le pauvre diable d'un air piteux, abandonne son pot, Sanduku l'enlève triomphant.

« Vous voyez, commandant, ce paysan grossier nous volait le manger préparé ici, sur votre ordre.

— C'est à vous ce pot-là, Sanduku?

— Oui, commandant! fait avec aplomb l'interpellé, tandis que le minable pagazi esquisse un geste de protestation, réprimé aussitôt devant l'aspect menaçant des deux lascars.

« C'est bien à votre camarade, ce pot et cette nourriture, dis-je à Risasi.

— Parfaitement, nous l'avons apporté à deux.

— Quand cela?

— En vous quittant, nous sommes allés le chercher là-bas, pour l'apporter ici.

— Eh bien, vous avez été rapides pour de fieffés paresseux; aussi, vous méritez bien la récompense que vous allez recevoir, illico. Risasi, confiez, je vous prie, votre belle canne à votre digne camarade. Quoi! ce pot! fort bien. Baptiste! là-bas!

(*Baptiste*, c'est le porteur, tous les nègres pour moi, s'appellent Baptiste, depuis le grand chef jusqu'au plus petit esclave). Baptiste voudra bien s'en charger. »

Je crois bien qu'il s'en charge, et avec plaisir encore. Je le congédie d'un signe, il détale satisfait, empressé, semblable à celui, qui, ayant retrouvé un bien perdu à jamais, le retrouve par miracle, mais craint encore de se le voir ravir.

« Maintenant, à nous trois et dépêchons-nous, ne soyons pas « *goï-goï* », hein! Couchez-vous là, Risasi, et vous Sanduku, allez-y ferme. »

Et les coups pleuvent drus, rapides sur les fesses de son camarade. Sanduku y va d'une telle ardeur, que je dois l'arrêter.

Risasi se relève, caressant de ses mains nerveuses, ses hémisphères charnues trop vivement frictionnées.

« A l'autre, maintenant. » Sanduku s'étant couché, reçoit la même décoction, de la main de son copain, qui en éprouve d'autant plus de joie, qu'il a craint un instant que le fauteur échappât à la peine.

Après cette exécution rapide, terminée à la satisfaction générale, je congédie les deux coquins, tout à l'heure pleins de jactance, et maintenant quinauds.

« Allez retrouver vos camarades, et dites que vous avez reçu votre *matabiche* (pourboire).

Revenus auprès des leurs, ce fut d'abord de nombreuses demandes, d'interminables explications coupées de multiples : *Ah!* de *oh!* poussés dans le haut de la tête, puis ce fut un rire général, formidable, homérique, rire qui retentit dans les vallons, faisant craquer le bois sec dans la forêt. Et par-dessus tout, fusait le timbre suraigu des trois carnes.

Un plein succès pour les deux larrons; après cela, allez vous dévouer pour la cause féminine.

La nuit se passa sans autre incident.

Le samedi 22 septembre, nous voilà encore par monts et par vaux, suivant de belles routes pour traverser des bois de taillis ou de hautes futaies, alternant avec des champs en culture ou en jachère.

De nombreux canaux d'irrigation les arrosent, de plus larges les divisent. Parfois aussi, une triple rangée de haies d'épines, distantes entre elles de 8 mètres environ, elles arrêtent les incendies, empêchant qu'un désastre n'engloutisse la récolte de l'année.

C'est aussi la raison de ce large et profond fossé de Kitua.

Les incendies fortuits sont fréquents, ils sont aussi voulus : le nègre préparant ses champs de culture en brûlant les herbes et les buissons, il obtient une cendre fortement potassée, qu'il répand comme unique engrais. Ce procédé évite un travail fatigant, mais il ne va pas sans danger. Si le vent tourne ou augmente en violence, le feu gagne rapidement les moissons, ou bien détruit la forêt. Cet accident se produit souvent à la fin de la saison sèche. Il m'est arrivé de traverser en toute hâte certain bois, tandis que l'incendie courait derrière moi.

Ici, l'on cultive le sorgho, l'élusine, le maïs, le sésame, le haricot rouge. Les cochons sauvages, qui abondent, empêchent la culture du manioc.

Après une promenade de deux bonnes heures, nous atteignons le village de Molobi. Un jeune homme venu à notre rencontre, nous apprend qu'une épidémie ayant sévi dans la localité, faisant de nombreuses victimes parmi lesquelles le chef et ses nyamparas, les survivants se sont dispersés un peu partout.

Il a belle mine encore, ce village fièrement campé sur le plateau, dominant des vallées fertiles, jadis cultivées, abritées contre la bourrasque, par une suite de montagnes étagées.

Après un court repos, nous continuons, fuyant cette nature traîtresse et enchanteresse.

Une heure après, nous atteignons un groupe de cabanes, ce sont des gens de Molobi, qui n'ont pu abandonner les mânes de leurs ancêtres.

Cinq heures plus tard, nous sommes chez Lubeka, village le plus important que nous ayons vu depuis notre départ de Saint-Jacques.

Ce dimanche 23 septembre, c'est par une claire matinée, que nous nous mettons en route. Il n'est pas trop tôt : 7 heures. Nous n'allons pas bien loin, chez Kissabi, trois heures d'ici, par d'agréables chemins. une vraie promenade, quoi.

J'ai quitté la machela, allant sur mes chaussons, une écorchure m'empêche de mettre des bottines. Je m'aventure sur le pont de singe, jeté à dix mètres au-dessus de la Lukumbi. (On donne ce nom à de frêles ponts suspendus.) Ils sont tous faits de même : les uns plus grands, plus lourds, d'autres plus étroits, plus légers.

Leur construction demande de la dextérité et de l'agilité.

Sur chaque rive d'abord, on choisit deux éminences qui se regardent. Cela se trouve aisément en site accidenté, au besoin on corrige la nature. Sur chaque croupe, il faut des arbres très élevés, sinon on les plante; c'est facile dans ce pays, une simple perche mise en terre a pris racines au bout d'un mois.

Certaines espèces sont employées pour les poteaux télégraphiques, de préférence au bois taillé, qui ne dure guère rongé par les vers et les fourmis, et à la fonte coûteuse, le jouet des tornades et des éléphants.

Les deux berges sont reliées par une dizaine de

câbles, gros comme le bras, câbles faits de lianes tordues et serrées. On les accroche aux cimes et aux grosses branches des arbres géants.

Les câbles les plus élevés servent à la suspension, les autres à la construction du tablier. A ceux-ci, on lie par un bout les traverses (des bambous de 1^m3o). Les bouts libres sont réunis entre eux par un gros câble, relié à ceux d'en haut, par de grosses lianes. Sur ce canevas, on tisse une natte de fibres ou de joncs et d'herbes résistantes *(moto-moto)*. Une simple liane, tendue à la hauteur de la hanche, sert à guider la marche sur ce pont branlant. Surtout, ne pas s'appuyer au côté opposé à ce parapet. J'eus la curiosité de jeter un coup d'œil sur l'eau, qui court impétueuse et bouillonne au fond ; mal m'en prit, les fibres auxquelles je m'accrochais, étant trop sèches, se rompirent et je tombai dans un fond du plancher. Mes gens effrayés durent prendre mille précautions pour me tirer de ce mauvais pas.

Vous comprenez qu'il faut avoir l'agilité des singes pour construire ces ponts, qui sont loin d'être solides, demandent beaucoup d'entretien et de ménagement, ne supportent ni la fatigue, ni une charge trop lourde.

Je me suis attardé ici, et les porteurs sont loin, déjà. Pajole et moi, avec un groupe de soldats, atteignons un petit plateau, sur lequel une dizaine de cabanes ont été disposées en fer à cheval. C'est un poste détaché d'un village voisin, pour la surveillance des cultures. Il n'y a là que des jeunes gens, et deux vieilles pour la préparation des repas. Un jeune homme et une des vieilles, sur le pas de leurs portes, sont en conversation avec les soldats. Ici, la route bifurque : doit-on prendre à droite ou à gauche? La vieille opine pour la première solution, l'autre pour la seconde. « C'est par là », décide péremptoirement le caporal Pili-pili, venu du camp de réserve de Lissala, et recueilli par nous avec quelques autres soldats.

Et nous voilà tous, filant par la gauche avec conviction; mais nous marchons, nous marchons, depuis longtemps déjà, et pas de Kissabi, ni un autre village quelconque...

La tête de file s'est arrêtée, qu'y a-t-il encore?

Devant nous, s'étend, profond, un bois touffu de bambous serrés dans un enchevêtrement extrême; à droite et à gauche, des roches infranchissables. Un petit sentier, plein de détours, permet la traversée du marécage boisé. A cause de l'eau boueuse, je rejoins la machelas; c'est avec peine que les porteurs avancent à travers les longues épines, m'accrochant à chaque coude; bientôt, les picots ont mis mon veston en pièces.

Enfin, nous voilà à la lisière, une légère montée et là-bas, à un kilomètre, apparaît un beau et riche village. Des femmes poussent des cris d'allégresse pour nous faire bon accueil. Pajole s'est affalé sous un toit de feuillage que supportent quatre piquets, il s'éponge, devant lui un gobelet d'eau fraîche et aussi ses grosses bottines fumantes. L'ex-cocher de Schaerbeek prétend que ses engelures d'antan sont revenues, douloureuses.

« Où sont les porteurs, les soldats? — Je ne sais, il n'y a ici que ceux arrivés en même temps que nous. »

Mais le chef s'est amené. Nous ne sommes pas chez Kissabi. Ce village est loin! loin! dans la direction d'où nous venons. Nous ferons mieux de loger ici.

Le camarade Pajole n'a pas l'air bien vaillant, il lui sera difficile de fournir encore une étape ; et moi, avec mes chaussons, je suis propre, mes porteurs sont fourbus, du moins ils le paraissent. Mélancolique, assis auprès de Pajole, je fais des réflexions amères : nos porteurs sont là-bas, avec nos étoffes, nos provisions, nos objets de campement. Nos soldats, jusqu'à ce jour sous notre surveillance, sont abandonnés à eux-mêmes. Comment dormir ici? Sur une natte, par terre. Manger quoi? Il n'y a pas d'œufs, l'eau même n'est pas trop ragoûtante, et je me rappelle cette triste nuit du lundi 25 juin, passée chez Kitenge, sur le fleuve Congo.

Le capitaine du petit steamer pris à Ponthierville, nous avait débarqués à Lumbulumbu : moi, le lieutenant Hendrickx, nos boys, le sergent nègre Bernard et un soldat qui devait nous aider à recruter des pagayeurs. Ce village, de même que Molonga, devant lequel nous venions de passer, avait été incendié, les habitants s'étaient réfugiés à l'intérieur des terres.

C'était un peu après la révolte des Batétélas, il avait fallu envoyer renforts sur renforts vers Kassongo, afin d'écraser la rébellion un instant victorieuse. Les insoumis, profitant du désarroi et d'un moment de panique chez les nôtres, s'étaient emparés de divers postes, dont Sungula et Kabambare. Dans leur marche sur Kassongo, ils avaient été arrêtés par la Lulindi, faute de pirogues.

Le vice-gouverneur, le baron Dhanis, ayant repris le commandement des troupes, infligea des défaites successives aux révoltés, récupérant tous les postes, dans une marche rapide. Mais ces Batétélas étaient

de rudes soldats, instruits à notre école, armés d'albini, commandés par des sous-officiers noirs, éner-
giques, décidés à tout pour défendre leur existence,
car ils n'attendaient aucune clémence du vainqueur ;
pour avoir l'avantage, il fallait des forces égales ou
supérieures ; de là, ces nombreux envois de soldats,
entraînant ceux de munitions, de vivres et d'étoffes.

Les riverains surmenés ne pouvaient suffire à tout,
et quand arrivait un convoi, escorté d'un soldat fanfaron, bouffi de prétention, ou d'un timoré, manquant
d'entregent, il y avait conflit, souvent mort d'hommes.
Voilà pourquoi, sur certains points, les villages étaient
détruits en partie et complètement abandonnés.

La présence du sergent Bernard et du soldat
n'était pas pour rassurer les indigènes, qui filaient
aussi vite qu'ils nous avaient aperçus ; au besoin
même, culbutant leur pirogue, pour se sauver à la
nage et disparaître dans les roseaux.

Après une longue attente, nous vîmes, remontant
péniblement le fleuve, quelques-uns de nos hommes
serrés dans une petite pirogue avec deux ou trois
épouses, ils n'avaient comme moteur que quatre
pagaïes minuscules.

Hendrickx et moi, nous nous embarquons avec eux,
n'emportant que notre chaise longue, laissant nos
bagages à la garde du sergent et des boys, j'oubliai
même ma dame-jeanne de vin portugais. Et nous voilà
remontant les rapides, nous gênant mutuellement,
encaqués dans cette périssoire. Tant qu'il faisait jour,
nos gens étaient pleins d'ardeur, mais quand vint le
soir, une nuit opaque, ils devinrent timorés, voyant du
danger partout. Longeant la rive, on s'accrochait aux
branches, ou bien on collait dans les bas-fonds ; si
l'on s'arrêtait pour souffler ou se consulter, le courant

nous entraînant, faisait perdre le bénéfice de beaucoup d'efforts ; tandis que des chacals, courant le long de la rive, nous poursuivaient de leurs aboiements.

Nous arrivâmes néanmoins sans incident.

Les indigènes prévenus, je ne sais comme, de notre arrivée, barbotaient dans l'eau, pour nous emporter sur leur dos. De suite, ils allumèrent un grand feu au milieu du chemin. Alors on nous indiqua notre demeure, quand je voulus y faire transporter le bois à brûler qui tantôt gisait sur la route, il n'en restait guère. Je dus enlever de la demeure, tout ce qui pouvait servir de combustible, autant pour nous chauffer que pour nous éclairer. Les gens d'ici, lors de notre arrivée, avaient allumé une petite branche résineuse se consumant avec une grande clarté, exhalant une odeur d'encens, mais elle avait duré une demi-heure à peine.

Hendrickx, déjà fiévreux le matin, n'avait pas tardé à s'endormir, couché dans sa chaise. Il était passé 2 heures quand je l'éveillai pour prendre à son tour la garde du foyer.

Quand le jour fut venu, il alla chercher deux longues bananes, que nos soldats avaient cuites sous la cendre. *(Ainsi préparées, elles ressemblent assez aux pommes de terre débitées à Bruxelles, dans les cafés à lambic.)* Elles devaient remplacer notre dîner de hier, et notre déjeuner d'aujourd'hui. Malheureusement, le sel manquait, et nous n'avions rien à boire. Je regrettais ma dame-jeanne, que le sergent Bernard et les boys n'auraient garde de négliger.

Voilà, comme je méditais mélancolique, assis auprès de Pajole, aspirant à plein nez le fumet de ses grosses bottines étalées devant moi.

Le chef du village, s'apercevant enfin que nous n'avons ni malles ni étoffes, est pris d'une certaine méfiance ; c'est avec joie qu'il nous procure un guide et des porteurs pour la machela. Il fera construire une civière de branchages, pour mon camarade éclopé.

Le caporal Pîli-pîli, auteur de notre mésaventure, n'a rien perdu de son aplomb imperturbable, je dois le tancer ferme, pour qu'il ne s'occupe plus de la direction, et laisse en paix notre nouveau guide.

Néanmoins, le voilà parti au pas de course, prenant les devants avec deux soldats, et malgré son esprit brouillon, il se rend utile, contrairement à ce diplomate, dont parle Sainte-Beuve, qui se donnait beaucoup de mal pour se rendre inutile. Dans chaque localité, il fait irruption dans les chimbèques, et les jeunes gens réquisitionnés impérativement, viennent relayer les porteurs.

Cela se passe sans lanterner, sans barguigner, les indigènes ne réchignant pas trop, sachant qu'ils seront remplacés au prochain bourg. Cette façon de voyager au pas de course est ultra-rapide sur de bonnes routes, avec de nombreux relais. Je n'oserais pas dire avec des porteurs frais, ces gens surpris pendant leur sieste dégagent une odeur forte, qui donne des nausées.

A mon arrivée, ces pagazi furent royalement rémunérés.

Nous atteignons la Lukumbi, que cette fois, nous passons à gué en un endroit choisi par le guide. Sur l'autre rive, un jeune homme est occupé à pêcher à la ligne, il va prévenir son père, chef du village voisin. Celui-ci bientôt arrive, l'air grincheux, c'est un grand sec au nez crochu, la lippe pendante, avec sa

tignasse crépue et sa grande barbe poivre et sale,
c'est tout à fait le type du si regretté colonel,
Prosper. Un Prosper, passé au noir mauvais teint.
Peut-être, sa vilaine âme aux noirs desseins, a-t-elle
transsudé pour apparaître sur ce facies peu sympa-
thique, tandis que pour toutes ses mauvaisetés, il
était relégué en ce coin perdu du globe.

C'est avec un air triste et ennuyé qu'il serre mollement ma main, tandis que je secoue rudement la
sienne, avec un joyeux ; « Salut! Prosper ». Je
vois bien qu'il me reconnaît, et qu'au fond, il enrage
de ne pouvoir me f... dedans. Mais je le quitte sans
en tirer ni guide, ni porteur, ni rien. Que le diable
t'emporte, vilain escogriffe!

Enfin! j'arrive chez Kissabi, et une heure après,
Pajole sur une litière improvisée.

Au milieu du village est une grande place carrée;
à un des angles, j'ai remarqué un toit de paille,
abritant une petite table; c'est là que nous allons
prendre notre repas, sans avoir à craindre la frigidité
vespérale. Comme je sors de mon chimbèque, lavé et
habillé de frais, mon cœur bondit jusqu'à mes lèvres,
en voyant Pajole étendu à l'américaine; ses énormes
pieds et ses barquettes, occupant toute la surface de
la table.

« — Eh bien, camarade! on est à son aise?

— Oh! cette fraîcheur du vent, sur les pieds nus!...
c'est mon plus beau jour d'Afrique! »

Les chimbèques ici ont la forme de dôme, ce sont
les gourbis des Arabes, ils sont obscurs, l'entrée est
basse, il faut s'accroupir pour y pénétrer. Impossible
d'y servir le souper.

C'est pourquoi la table est dressée en plein air, et

nous grelottons sous nos manteaux et nos chapeaux.
quand, pour notre dessert, une pluie de mouches
minuscules vient s'abattre sur nos assiettes.

C'est la première fois que je loge dans une de ces
huttes en forme de dôme. C'est plutôt une hémisphère,
reposant sur un cylindre d'environ 70 centimètres
de haut. Jusqu'au faîte, il y a quelque 4 mètres.

Celle-ci est neuve, donc très propre; en un point
(il n'y a pas de coin), sont fixées dans le sol, trois
ou quatre masses d'argile durcie, elles sont rondes,
semblables aux boulets en pierre du Musée de la
Porte de Hal. C'est le foyer. Sur ces globes, reposeront
les pots au feu. De cheminée point, la fumée sort
comme elle peut, culottant et parfumant la demeure,
mais tuant les moustiques et les autres insectes.

A l'autre bout est le lit : un long cadre de bois avec
de multiples traverses, reposant sur quatre pieds.
Comme matelas et couvertures, une ou plusieurs
peaux d'antilope; pour le chef seul, sont réservées
celles des léopards et des lions.

Il n'y a pas de fenêtre, et la moitié de la petite
porte est encore masquée par la toiture, qui descend
jusqu'à ras du sol. On n'y voit goutte, mais il n'y a
pas de vent coulis. La température y est égale, la
hutte entière étant couverte d'une couche de 30 centimètres d'herbes sèches, bien serrées.

J'en ai vu construire une, dans je ne sais plus quel
village. Sur le sol uni, bien battu, on fait d'abord la
partie cylindrique : décrivant un cercle, on enfonce, à
1 mètre les unes des autres, des piquets d'un bois très
dur, une des extrémités est fourchue, l'autre appointée.

Dans les intervalles sont des piquets plus minces,
sur lesquels on tresse un clayonnage serré, de branches de 2 centimètres d'épaisseur. On fixe à demeure
le lit et les globes du foyer ; puis, on enduit le sol
d'une couche épaisse d'une terre grasse, en tout
point semblable à notre terre de pipe ; en séchant,
elle prend la dureté et l'apparence de l'asphalte. A
l'extérieur, on mastique une bordure large de 1 mètre.

Une ouverture de 60 centimètres a été réservée,
c'est l'entrée, deux gros piquets fixés à l'intérieur,
calleront la cloison, qui sert de porte. Pour dégager
la baie, on la glisse le long de la paroi intérieure, —
mouvement qui n'est possible que du dedans. Pas de
surprise à craindre, par le plus profond sommeil.

Reste maintenant la partie principale, le toit,
construction délicate et difficultueuse.

De longtemps, les matériaux sont prêts : des branches de longueurs et d'épaisseurs diverses, qu'un
séjour prolongé dans l'eau a rendues souples. A
proximité, on a creusé une excavation hémisphérique,
de la dimension du toit. Au fond, on a fixé une rondelle de bois dur, c'est la clef de voûte ; à la surface,
un cercle d'une branche épaisse de 9 centimètres,
c'est la base. Alors, le travail s'effectue méthodique,
le chef donnant à mi-voix des ordres brefs, que les
autres exécutent sans mot dire.

Des cerceaux, de plus en plus petits, de plus en plus
minces, sont placés parallèles, reliés par des branches
courbées en arc, disposées comme on trace les méri-
diens de la sphère terrestre : une des extrémités fixée
à la rondelle (le pôle), l'autre à la base (l'équateur) ;
les assemblages se font sans clou et sans colle.

Puis on retire la carcasse, on la retourne pour la
compléter par un clayonnage serré, que l'on recouvr

d'une couche d'herbes, longues et solides, que l'on relie, en les plaçant verticalement dans toute leur longueur. Enfin, l'œuvre est transporté à bras d'homme, pour être déposé sur la muraille cylindrique, le cercle de base reposant sur les fourches des piquets.

Ces constructions, qui demandent beaucoup de temps, sont très solides, elles sont de longue durée, et savent résister aux plus violentes tornades.

Le lundi 24 septembre, malgré nos dispositions flemmardes, nous partons au point du jour, désireux d'arriver le lendemain à M'Pweto. Nous avalons un morceau, un rien, et en route.

L'étape est très longue, on la scindera par une grande halte à la rivière Kabele, à 5 heures d'ici. On y prendra une collation, puis on continuera la marche, après la forte chaleur.

La route est des plus agréables : d'abord, un sous-bois délicieux, sans humidité, puis l'on gravit des coteaux par des rampes peu inclinées.

Nous atteignons le sommet, le terrain est découvert; à perte de vue, c'est une succession de mamelons, que recouvre une herbe courte, quelques arbustes, de rares arbres, encore sont-ils chétifs.

Nous rencontrons une montagne toute en pierre bleue, elle se dresse comme un mur infranchissable; nous la tournons, longeant le pied. Puis c'est un bois, dont nous suivons la lisière ombragée et fraîche. Alors, nous descendons, descendons, descendons, et nous voyons la Kabele, rivière aux eaux cristallines, qui, rapides, courent à travers les roches; de-ci de-là, quelques arbres et des taillis clairsemés.

Porteurs et soldats, installés déjà, se reposent. Les boys chauffent de l'eau sur un feu de brindilles.

Avec appétit, nous mangeons des œufs durs en croquant des biscuits secs, que nous arrosons abondamment d'un moka bien brûlant, breuvage des plus réconfortants dans la grande chaleur.

Alors assis, commodément adossé à un gros arbre, les jambes étendues dans la mousse et les feuilles sèches, je regarde vaguement devant moi, sans penser à quoi que ce soit; les paupières lourdes, je ne tarde pas à m'endormir.

Le nyampara doit nous tirer de notre torpeur, il faut plus de deux heures pour atteindre la Munsa, où nous devons être avant la nuit.

Nous nous secouons et nous partons, dévalant d'une pente rocheuse que le soleil a surchauffée. La chaleur est insupportable, et j'ai des bourdonnements. Heureusement, nous atteignons bientôt un bois pas trop touffu, et le malaise disparaît pour faire place à une sensation de bien-être.

A la soirée, nous atteignons la Munsa, rivière, dont les eaux calmes et basses fluent lentement, dans un fossé large et profond. De ce côté, d'où nous venons, le terrain est déclive; au delà, c'est une plaine basse que protège des inondations, un relief de 2 mètres. La rivière contourne la montagne boisée, la séparant des terres arables. Je demande si un village est proche. Il y en a un sans importance, assez loin, et tout à fait en dehors de notre itinéraire, c'est pourquoi on s'arrête toujours ici, le blanc s'installant dans cette clairière, où déjà les tentes sont dressées.

Les porteurs vont s'installer au bas de la digue, et les soldats en aval, en dehors du bois, par crainte d'incendie.

Le feu de nos cuisines flambe sur la rive, à un coude où se dresse une petite plate-forme, sur laquelle on a placé notre table et nos chaises. Malheureusement, la nuit est d'un noir opaque, impossible de jouir du paysage. C'est à la lueur du foyer, que nous expédions le repas du soir préparé d'une façon extra-rapide : des tablettes de légumes délayées dans de l'eau bouillante, et c'est le potage ; un poulet déchiqueté rôti dans la pelle, et ce sont les biftecks. Un peu durs les biftecks, un peu indigeste le potage.

Pendant quelque temps encore, nous considérons la rivière, qui paraît d'encre. Du côté des porteurs, pas un bruit ; du côté des soldats, quelques papotages qui meurent s'alanguissant.

Tandis que les boys, après avoir consciencieusement nettoyé les casseroles, croqué les os des poulets, se sont nonchalamment couchés autour du foyer ; le ventre sur le sol, ils racontent d'interminables histoires, dans lesquelles le mot *mwana mke* (femme), revient à chaque instant. Le plus âgé de tous n'a pas 10 ans.

Lorsque nous nous retirons sous nos tentes, ils nous imitent, après avoir soigneusement recouvert le feu de feuilles et de mottes de gazon. Ces gosses se sont construit une petite hutte de branchages.

Bientôt, c'est un silence profond, que trouble par moment, le cri d'un oiseau nocturne ou le vague hurlement d'un animal lointain. Puis, c'est une branche morte qui craque, ou le bruissement des feuilles qui tombent.

Mon épais et indigeste potage m'empêche de dormir. Je tends l'oreille, j'ai perçu le bruit d'un souffle que l'on retient ; puis, c'est un froissement de feuilles sèches, les poules poussent des gloussements de frayeur ; un boy, prudemment, sans sortir de la hutte, attise le feu, d'une baguette fourchue. Je vois ce manège, de la petite ouverture pratiquée dans la tente ; car je me suis relevé, et je m'efforce de percer les ténèbres, de mes regards. Mais je ne vois rien, rien. De guerre lasse, je me recouche, et je m'endors d'un sommeil lourd de cauchemars...

La durée de cette léthargie, je l'ignore. Tout à coup, je me redresse, réveillé en sursaut, j'ai rêvé que l'on culbute mon lit. En effet, je vois que ma tente penche toute d'un côté, qu'elle est secouée par des saccades à la renverser. Par ailleurs, c'est le silence complet. Serais-je en butte aux facéties d'une bande de singes ? Mais la tente s'est redressée tout d'un coup, comme un ressort débandé, puis retentissent des hurlements furieux, qui vont s'éloignant pour se perdre dans les profondeurs du bois. Alors, ce sont les rires fous des boys et des porteurs, qui assistent à la fuite éperdue d'un chacal, qui se voyait pris dans les cordes de ma tente, comme dans un piège compliqué.

Et mon sommeil reprend lourd et agité.

Le matin, un hourvari épouvantable vient m'arracher aux profondes ténèbres, dans lesquelles est noyé mon entendement. Quelques porteurs, groupés sur la terrasse, soufflent à pleins poumons dans des trompes, ou d'autres instruments à vent, aux notes aiguës ; tandis que sur l'autre rive, le restant tape à tour de bras sur des tambours, des tam-tams et même des casseroles, poussant à pleins gosiers des chants et des cris joyeux. Tous ces gens exultent bruyamment.

Placides et indifférents, les boys préparent le déjeuner.

De qui se fichent-ils, pensai-je, m'habillant avec une hâte maladroite, les esprits embrumés par le sommeil ; puis, j'apparais le sourcil froncé, plein de courroux, tel Neptune prononçant le fameux : *Quos ego...*

Mais le nyampara des nyamparas, nyamparisants, d'un geste a imposé le silence, ensuite, à pas menus et précipités, vers moi s'est avancé : « Morning », fait-il, se mettant dans la position du soldat sans arme, rendant les honneurs à son supérieur.

« Les gens, que la manie des détails et des minuties obsède sans répit, trouveront, avec figure à l'appui, à la page 102 du règlement sur le service intérieur, des renseignements en suffisance, sur cette attitude aussi digne que fatigante.

» Avec un peu d'imagination, ils remplaceront le beau grenadier, par un gringalet de figure et d'aspect semblable aux très vieux meubles en chêne, tout vermoulus.

» Comme vêtements : une loque sordide autour des cuisses ; sur les épaules, le collet relevé, un vieux veston d'un vert pisseux ; sur la tête, un chapeau de couleur et de forme indéfinissable. »

Après s'être consultés, quatre grands gaillards s'approchent de même : « Morning », font-ils, hilares et respectueux à la fois.

« Salut et bénédiction ! Que signifie tout ce tapage *(machelele)?*

— Le soleil est déjà là, fait le grêlé, montrant du doigt le globe céleste, presque au quart de sa course.

(Il est 8 heures, en route, on ne fait pas la grasse matinée.)

— Si le soleil est là, il n'a qu'à y rester, ça ne me gêne pas. Au reste, je n'ai rien à lui commander. »

Sur cette ineptie, le nyampara fait mine de sourire, les quatre gaillards rient avec effort, tandis que les autres, qui n'ont rien entendu, éclatent à l'unisson.

« Ces gens sont de M'Pweto, ils voudraient partir de suite.

— Qu'ils s'en aillent, je ne les retiens pas; pourvu qu'il en reste pour emporter ceci (ma tente, mon lit, etc.).

— C'est arrangé, fait le nyampara, et sur un signe attendu, sans doute, disparaît toute la bande, courant, se bousculant, riant, criant, beuglant, avec l'accompagnement inévitable des trompes et des tam-tams.

Le soleil chauffe déjà très fort; heureusement, la brise du lac commence à se faire sentir, car il n'y a pas d'ombre, il n'y a plus un arbre à l'horizon. C'est le système déplorable des Arabes, de ne laisser subsister aucun bouquet de bois, lorsqu'ils défrichent.

Après une étape de quatre heures sur une route unie, nous atteignons le village du chef noir, M'Pweto, qui, venu à notre rencontre, nous offre le vivre et le couvert. Avec un geste engageant, il nous montre une maison spacieuse, où déjà nos bagages sont rangés. A ses sollicitations viennent se joindre celles de sa gracieuse épouse, dont la tête est adornée de petites verroteries : des rouges et des blanches, on dirait qu'elle porte une résille comme en avaient nos fillettes, il y a quelque trente ans.

« Mais nous sommes près du poste du blanc, ce n'est plus la peine de loger ici. — Oh! non, c'est loin... loin... Les Mussungu *(messieurs blancs)* s'arrêtent toujours ici. »

Mon nyampara fait un signe de dénégation. Alors je fais mes adieux au nommé M'Pweto, lui donnant rendez-vous, au poste sur le lac.

Le camarade Hendrickx, qui me précède de quelques jours, s'est, en effet, arrêté ici, une telle visite est une aubaine pour le chef du village, et son épouse, la coquette, espère recevoir quelques bibelots apportés d'Europe.

Contrairement à leurs espérances, nous continuons la marche; bientôt, à nos yeux apparaissent les eaux noires et saumâtres du lac. Après, c'est le poste, dont les vastes bâtiments se dressent à l'intérieur d'un grand rectangle, palissadé comme le sont généralement nos voies ferrées. Cette barrière n'est pas une défense militaire, ce ne sont pas les vingt-cinq hommes de la garnison, qui pourraient occuper une telle étendue (500 mètres), mais elle oblige les indigènes, qui ont affaire au poste, à se présenter au planton. La nuit, les rôdeurs et les maraudeurs, quels qu'ils soient, bipèdes ou quadrupèdes, hésitent à franchir l'obstacle, pour la quiétude du fonctionnaire résidant.

Le bâtiment principal, tout en briques, est entouré d'une grande terrasse, un amas de pierres et de briquailles, soutenu par des murs. On accède à la face principale par un escalier en bois.

La maison est un carré de 15 mètres de côté, elle a 8 mètres de haut, avec la terrasse élevée. Elle est percée d'un couloir central, qui dessert trois pièces. Deux autres s'ouvrent sur les faces latérales.

Derrière sont les cuisines, magasins, etc.

Il n'y a qu'un agent de l'Etat, avec une section de soldats noirs, mais M'Pweto, lieu de passage, poste de douane, reçoit beaucoup de visiteurs, à cette date surtout, où depuis longtemps, faute de fonctionnaire, Kilwa est gardé par un sergent noir avec quelques Ascaris. (Lukonzolva et Kisambi n'existent pas encore.)

M'Pweto était commandé par un officier de l'artillerie danoise, un garçon intelligent et sérieux. Il traitait avec les indigènes l'achat de l'ivoire et du caoutchouc, assurait la paix entre les chefs voisins, empêchait les fraudes; ce dernier service, très malaisé, vu la grande étendue à surveiller.

Lors de mon arrivée avec Pajole, il y avait encore là, un capitaine d'infanterie belge, de Morvan, délégué par le Comité du Katanga pour remplir une

mission scientifique, il avait comme adjoint un grand
diable de médecin, appelé Adonis.

Un fait curieux, le médecin s'occupait des travaux
d'astronomie, et le capitaine soignait les malades.

Peu de temps auparavant, ils avaient un troisième
collaborateur, un capitaine de   marine du nom de

Furst, un Allemand, un tout petit bout d'homme,
d'une capacité étonnante.

Au cours de leurs pérégrinations, le trio s'était
arrêté à la Mission de Baudouinville. Un soir, sous
un vague prétexte, Furst n'assista pas au souper.
Monseigneur, qui présidait la table comme toujours,
dépêcha un des Pères, s'informer de la santé et des
besoins du jeune savant. Le Père Danckers revint

peu après, l'air mystérieux : « Il travaille, je n'ai pas voulu le déranger. — Il travaille, fait de Morvan au comble de l'étonnement. — Il avait en mains une grosse lunette, il observait les astres. »

Cette réponse stupéfia tellement Adonis et de Morvan, qu'ils avaient l'air d'en venir directement, *du beau pays des étoiles*.

A la fin du repas, Petrus, le Frère charpentier, fut envoyé porter du thé à cet astronome enragé. Pétrus revint, la joie débordant sur sa large face. « Il n'a pas besoin de thé, fit-il, il est trop occupé à fixer les étoiles, il n'a même pas tourné la tête pour me répondre. Ce qu'il y a de plus curieux, c'est que sa lunette a la forme d'une bouteille, et qu'il s'en sert de la même façon, le petit bout à hauteur de la bouche, et non de l'œil. »

C'est ainsi qu'il fut reconnu, que ce petit bout d'homme avait une capacité étonnante. C'est pourquoi, il fut décidé en haut lieu, de lui confier le commandement du schooner, le *Storms*, un bateau en tôle, qui, avec les quelques pirogues pourrissant dans les marais de M'Toa, constituaient toute la flotte de l'Etat indépendant du Congo, sur les grands lacs africains.

Comme le temps est favorable, on a installé sur la Baraza une immense table, sur laquelle on sert les repas. La plupart du temps, elle est encombrée des journaux et des brochures de l'illustrissime Adonis

Les malades se confiaient aux bons soins du capitaine ; néanmoins, je désirais vivement faire examiner par un homme de l'art, mon pied blessé depuis mon passage à M'Toa. En vain, à diverses reprises, j'en avais prié Adonis; mais un matin, je sus l'y obliger. Le procédé, certes, ne fut pas très correct. Tandis que le docteur était plongé dans sa lecture usuelle, j'interposai le pied malade, préalablement déchaussé, entre la brochure et l'extrémité de sa trompe nasale. « Eh bien! docteur, que dites-vous de ce pied-là. » Sans être ni étonné, ni froissé, Adonis prit mon pied dans la paume de sa dextre, le considéra quelque temps, mais non avec une insistance excessive; puis, l'écartant avec lenteur : « Cela va bien, fit-il, continuez. » Et il reprit sa lecture interrompue, sans plus s'occuper de moi.

Un jour cependant, il fut arraché aux délices de ce profond recueillement. Ce fut le jeudi, je pense, deux jours après notre arrivée, que survint cette fameuse tempête, qui, pendant quelques heures, troubla la sérénité de nos existences. Et cela, à propos de rien, de presque rien.

Ce jour-là, je ne sais pour quelle raison, le dîner avait été cochonné; le pain surtout, d'ordinaire appétissant, était un noir mortier, puant la moisissure.

On fit comparaître le coupable, qui se trouvait être le propre boy du capitaine, un grand diable, taillé en athlète, qui, s'imposant aux autres plus chétifs, avait pris la direction des choses de la cuisine.

Il faut savoir que de Morvan, gaillard rablé et sanguin, est vif et violent comme les picrates, mais il a le cœur bon et généreux. Aubroë, un grand blond, les cheveux rasés courts, la figure pâle et glabre, aux gros yeux bleus de faïence, cache sous un calme inaltérable une très grande sensibilité.

Le docteur est l'homme distrait par excellence, toujours confit dans ses lectures. Moi, je me... « désintéresse » de tout et Pajole est plus nul encore.

Le boy, brusquement... interpellé, se met à nous considérer tous successivement, comme si la contemplation de nos facies va lui inspirer la réponse salutaire. Il est probable, que la variété de nos physionomies ne lui dicte rien de satisfaisant, car il ne profère aucune parole pour se disculper. Cette attitude déconcertante a le don d'exaspérer de Morvan, qui, bientôt bouillonnant, se met à trépider. « Mais réponds, animal *(nyama)*! Qu'est-ce que tu as fichu là pour une crasse! Sens-le! sens-le! » En même temps, il lui frictionne ses larges naseaux, avec le pain incriminé.

« Tu ne réponds pas? Il est bon, peut-être? Hein! tu dis! Ah! il est bon, et bien mange-le, s'il est bon. »

Alors le colosse d'ébène se met à enfourner dans son large gosier, d'immenses quignons de cette infecte miche, avec la même satisfaction, que s'il dégustait la plus savoureuse des galettes.

« Mais on dirait que ça lui goûte, il va s'en faire crever. Eh bien! puisque tu ne veux pas dire pourquoi tu m'as fichu une cochonnerie semblable, tu auras la chicotte. »

Et le caporal de garde, mandé dans ce but, fustige de quelques coups de peau d'hippo, la partie la plus charnue du gros cuisinier. Châtiment qu'il supporte sans s'émouvoir aucunement.

Je croyais l'incident clos, le coupable ayant subi sa peine, le plus tranquillement du monde; et nous, ayant fait notre deuil de notre pain quotidien; mais le Morvan n'est pas encore apaisé :

« Aubroë, votre boy est aussi coupable que le

mien, vous allez le punir. — Le vôtre seul est en défaut, puisqu'il a voulu se charger de la cuisine. »

Mais le capitaine insiste, entêté, l'autre répond avec calme et fermeté :

« Jè zuis maîté dè mon boy, jè né donné pas dè chicotte. — Si l'on ne veut pas s'entendre, impossible de continuer le ménage en commun. Allez faire votre cuisine ailleurs !

— Un instant, le commandant désire-t-il manger à ma table, ou bien préfère-t-il celle du capitaine ? »

Pendant ce colloque des plus animés, Adonis a enfoui plus profondément encore, son gigantesque appareil nasal, dans une revue mensuelle.

L'ex-automédon Pajole, vissé sur son siège, ses deux longues mains y cramponnées, porte devant lui un regard vague et mouillé, tandis que les crispations de sa face indiquent le tumulte de ses pensées, d'ordinaire peu compliquées.

Et moi, directement interpellé, je cherche en vain dans ma cervelle, quelques-unes de ces paroles conciliantes, qui calment l'ardeur des passions, comme en été, les grandes ondées rafraîchissent l'atmosphère torride.

Malheureusement, il y a dans toute cette affaire, une note de haut comique, qui chez moi domine toute considération, m'empêchant d'apporter un jugement sain et équitable. Et un petit diable plein de malice m'incite à me lever soudain l'air tragique, pour déclamer avec emphase : « Je jure devant Dieu et les hommes, que je prends ici à témoins, que mon âme d'honnête citoyen belge est profondément affligée par ce malheureux incident, qui va brouiller à jamais deux caractères pavés des meilleures intentions...

» ...Pionniers de la civilisation, au centre de cette terre d'Afrique que le monde nous envie, allons-nous permettre, que des dissensions mesquines viennent dissiper à tous les vents, des efforts généreux. »

Le petit diable me souffle encore bien d'autres inepties de cet acabit; c'est pourquoi je reste coitement assis, laissant tomber ces simples paroles : « Ma place est auprès du chef de poste. »

Alors Aubroë : « Si j'avais été seul, j'aurais pris mes repas dans ma chambre; mais, comme j'ai des invités, mon devoir est de présider la table officielle, qui est celle-ci. A vous donc de vous arranger. De ce pas, je vais mettre des locaux à votre disposition, comme mes instructions le prescrivent. »

« A Dieu ne plaise, que je demeure ici plus long-temps », fait *in petto* le capitaine, se retirant avec la vivacité qu'il a coutume d'apporter dans tous les actes de la vie. Mais au moment de disparaître, il se retourne prestement, pour faire au docteur un geste impératif, geste compris sans peine. Sur cette injonction tacite, Adonis redresse soudain son buste voûté, décroise avec peine, ses longues jambes qui déjà sont soudées, retire avec précaution, son long nez du fouillis de journaux, jette sur nous un regard navré, puis se retire grave et concassé.

Peu après, il revient, s'arrête auprès des caisses dites « *show-box* ». Alors, sa longue et dégingandée personne s'écroule littéralement, pour disparaître dans les dites caisses. Alors, on voit de longues mains, s'agitant tout au bout de longs bras, saisir des boîtes minuscules, pour les enfouir dans les profondeurs d'interminables poches. Puis, Adonis se redresse de toute sa longueur, lève au ciel ses longs bras, avec tout au bout ses longues mains. Vous

croyez peut-être qu'il va clamer : « Oh! Brama! »
comme Nélusco dans l'*Africaine*. Mais, c'est bien peu
connaître le docteur Adonis, que de s'abandonner un
seul instant, à de telles suppositions. Non seulement,
Adonis ne chanta pas, car il ne chante jamais, mais
encore il ne dit rien, car il parle rarement. Comme
tantôt, il se retire grave et concassé, et tout le monde
peut voir qu'il a la mort dans l'âme.

Par suite de ce désaccord, le voilà réduit à faire
lui-même sa popotte, avec d'indigestes conserves.

Bientôt, la table est désencombrée des journaux
amoncelés, les boys la dressent pour le repas.
Aubroë, tout chagrin encore, vient s'excuser : « il n'a
pas d'appétit, et il doit terminer certains travaux
administratifs, très urgents. Il a donné des ordres à
la cuisine, afin que rien ne manquât ».

Me voilà de nouveau seul, avec l'éternel Pajole.
Comme le tête-à-tête avec mon insignifiante personne ne le trouble jamais, il retrouve incontinent
l'usage de la parole, pour proférer avec conviction :
« C'est un fameux cadet. — Qui ça? — Le capitaine
de Morvan. » Et il répète, accentuant d'avance :
« C'est... un... fameux... cadet. »

Mais, voyant que ces propos tendancieux ne me
tirent pas de mon mutisme, et que je ne mange guère,
il se tait, se contentant, la tête baissée, de lancer de
temps à autre un regard oblique dans ma direction.
Tandis que les rats nombreux, que ce calme enhardit,
viennent grignotter des déchets sous la table.

Alors, sortant de sa profonde méditation, Pajole
aspire bruyamment par les narines, puis scandant
ses paroles : « C'est... un... fameux... cadet. C'est
comme mon camarade, le fils Faes, de la chaussée
d'Haecht, aussi un fameux cadet. »

Alors, pour la deux cent et unième fois, je dus subir l'inéluctable histoire du camarade Faes, de la chaussée d'Haecht. Quand je dis *subir*, le terme n'est pas rigoureusement exact, car, grâce à une disposition particulière de mon cerveau, dès les premiers mots de ce récit, mes esprits sont ailleurs, tandis que son débit monotone frappe mon ouïe, comme des gouttes qui s'échappent d'un robinet mal fermé. Pour être d'une précision minutieuse, je dois m'exprimer ainsi : pour la deux cent et unième fois, Pajole me raconte « son » histoire du fils Faes, de la chaussée d'Haecht. Car cette histoire lui appartient en propre, personne ne pourrait la dire comme lui, c'est la sienne enfin, comme les compagnons de Tartarin avaient chacun la sienne, sa chanson.

Il me serait même impossible, avec la meilleure volonté du monde, de vous en donner une idée, aussi peu approximative qu'elle soit. Tout ce que je sais vous dire, c'est que dans cette affaire, il est question : naturellement du fils Faes, de la chaussée d'Haecht, lequel est un fameux cadet, d'une « jumente » blanche, de deux sacs d'avoine et de multiples verres de faro.

Il arrive parfois, qu'au milieu du récit, le conteur s'arrête soudain, la gorge serrée, les yeux embués; alors brusquement il se lève, pour s'éloigner rapide, tout en se mouchant bruyamment.

C'est que (je l'ai appris dans la suite) le bon et honnête Pajole a éprouvé des malheurs conjugaux, et le fils Faes de la chaussée d'Haecht n'est pas étranger à ce drame de famille.

Mon brave camarade en était arrivé à je ne sais plus quelle farce... Non... Quel Faes... Encore... Quelle phase, enfin!... Quelle phase de son histoire, quand un boy pas plus haut que ça, apparaît sou-

dain, on ne l'a pas entendu s'approcher; sans mot dire, il dépose devant moi, une bouteille de cognac encore cachetée.

« Qu'est-ce cela ?

— C'est pour toi.

— Pour moi, de la part de qui ?

— De... (ici un nom indigène, à moi inconnu)..., il a dit comme cela : porte cette bouteille au commandant, il est sur la baraza... Voilà...

— Tu y comprends quelque chose, toi, Pajole ?

— Peut-être bien, que c'est du cognac, qu'on vous envoie « *cadeau* ».

— Mais personne n'a parlé de cognac, je croyais même qu'il n'y en avait pas au poste; je crains qu'en ce moment, tous les boys ne soient occupés à un tripotage sans pareil. *(Au boy.)* Dis à ton maitre, que nous n'aimons pas le cognac. »

Pajole, dont les périodes ont été interrompues d'une façon si intempestive, ne retrouve plus le fil perdu de son histoire. *(Oh ! aïe, ma mère !)* Il marmotte quelque vague excuse, puis se retire dans le bâtiment qui lui sert de home.

Me voilà seul, mais pas bien longtemps : déjà, de Morvan est là, comme s'il a guetté le départ de l'autre : *sed quantum mutatus,* ce n'est plus l'être exacerbé, le capitaine Tic, c'est le bon de Morvan de tous les jours :

« Vous êtes de joyeux compagnons, vous autres, vous êtes à vous plaindre de n'avoir rien à boire, pour vous être agréable, je vous envoie un flacon de cognac, et vous le remballez.

— Mon cher, je n'ai absolument rien compris à tout ce manège. J'ai cru à une méprise ou à un tripotage de boys.

— C'est moi qui l'ai envoyé. On ne l'a pas dit?

— Ma foi, il a dit qu'il venait de la part de...

— *Nyota* (Etoile), c'est moi.

— Oui, quelque chose comme cela; enfin, est-ce que je sais moi qu'on t'appelle *Nyota;* pourquoi ne pas joindre un billet? Enfin, nous n'avons ici ni verre, ni tire-bouchon.

— C'est vrai, où sont mes idées? depuis ce matin, je n'ai plus la tête à moi. Dans cette affaire de tantôt, j'ai tort, hein?

— C'est mon avis, cher ami, je vois avec plaisir que tu es le premier à le reconnaître.

— Si j'allais m'excuser, je crains fort que ce pauvre garçon ne soit malade par ma faute.

— Vas-y, vas-y, tu feras bien, tu feras trè.è.è.s bien.

— Allons de suite, car tu m'accompagnes, la démarche en aura plus de poids. »

. . . .

A la vesprée, journaux et bouquins sont de nouveau éparpillés sur la table. Adonis a repris sa place habituelle, ses longues jambes croisées, son organe proboscidien enfoui dans ses papiers.

Le cognac scintille dans nos verres, que traversent les rayons rouges du soleil couchant, tandis qu'une pleine satisfaction épanouit nos visages.

Mais Pajole n'arrive pas, il la fait longue sa sieste. Un boy dépêché me rapporte que le maître est malade au lit. Je me rends illico auprès de mon intéressant compagnon :

« Eh bien! Pajole, on est malade, quoi? »

Lui, geignant :

« Un peu de mal de tête, puis je n'ai pas faim.

— Allons, allons, lève-toi, habille-toi, et un peu vite, on t'attend. L'inspecteur des... étoiles est là... »

Cette fin de phrase est bredouillée, tandis que je m'esbigne.

Moins de cinq minutes après, Pajole apparaît flambant dans sa grande tenue, les traits légèrement bouffis par le sommeil. Au haut de l'escalier, il s'arrête médusé. Nous sommes là tous comme d'habitude, avec cette différence que le cognac brille dans nos verres.

La bouche ouverte, l'air ébaubi, il porte des regards alternatifs sur la table et sur nos personnes.

D'un geste engageant, je lui indique un siège et un verre. Mais lui, toujours plus ahuri :

« Où est l'inspecteur?

— Ah! l'inspecteur des étoiles, *Nyota*, le voilà. »

Je lui montre de Morvan, noyé dans les nuages bleus de sa pipe.

A partir de ce jour, la concorde ne fut plus troublée un seul instant; le docteur en toute quiétude, put se plonger dans ses lectures abondantes et variées. Aubroë se mit en quatre pour améliorer notre ordinaire, exclusivement composé de poules et de patates douces. On en variait les préparations à l'infini. On ne réussissait pas tous les jours le pain, faute de levain. L'eau même était rare, on devait la puiser dans une rivière assez distante, celle du lac est bourbeuse et saumâtre. Le poisson d'ici a le goût de vase, celui de la rivière, du menu fretin, coûte très cher. Les hippos et les canards se tiennent loin de la côte, on les a trop tiraillés ces derniers temps, de même les antilopes, les chèvres aussi sont introuvables à cause des hôtes nombreux, passés récemment.

Cependant l'humeur est égale, elle est même joyeuse. De Morvan aime à dire des galégeades, nous aimons à les entendre. Tous les matins, les boys étendent au soleil une grande peau de lion. J'eus un plein succès, quand le premier jour, je demandai : pourquoi on avait tué cette vache-là ; les lions sont ici d'un vilain roux et sans crinière ; le flegmatique Aubroë, les yeux exorbités, la bouche tordue, devint subitement violet. C'est sa façon de rire à ce garçon, ce genre de distraction ne convient pas à son tempérament. Adonis releva péniblement sa trompe, pour éternuer avec fracas. Tandis que Pajole, ahuri, ouvrait un four capable d'engouffrer les deux sacs d'avoine du fils Faes; en même temps, il se cramponnait à son siège, pour ne pas tomber à la renverse.

Or, voici l'aventure, fait de Morvan, sans aucune modestie :

« C'était par une nuit claire, une nuit des plus claires; le docteur, ici présent, est occupé à lorgner les étoiles, avec la profonde attention qu'il apporte dans toutes ses occupations, même dans la lecture de ses journaux. Moi, j'étais plongé jusque-là, dans mes calculs. » (De sa dextre, il coupe l'air, bien au-dessus de sa tête.)

Mais je l'interromps : « Au clair de la lune? ».

« Oui, au clair de la lune ou plutôt non. »

« Tranquille, je grille ma bouffarde, observant les gestes du docteur. Les boys, éparpillés par-ci par-là dans les herbes, roupillent en chœur.

» Tout à coup, un rauquement épouvantable nous arrache à notre quiétude, nous ébranlant jusqu'aux moelles. Les boys, réveillés en sursaut, mettent leur salut dans la vitesse de leurs jambes. Adonis, hypnotisé, laisse tomber sa lunette. Moi seul, je ne perds pas la carte; sans lâcher ma pipe, je saisis mon mauser des deux mains...

» En ce moment, apparaît toute une famille de lions : le père, la mère et deux jumeaux; et moi, sans barguigner, sans la moindre émotion, tiens... pan! tiens... pan! et encore... pan!... pan!... ici pour toi... pan! pan!... Le père atteint mortellement, roule foudroyé, tandis que la mère fortement blessée... dans son amour-propre, s'enfuit avec sa progéniture. »

Parfois, il y avait des variantes à ce conte mémorable, mais toujours de Morvan a joué le beau rôle.

Il en a tué bien d'autres; du reste, c'est incroyable ce qu'il y avait de lions autour du Moero.

« Heureusement que tu as purgé la route; moi, qui n'ai comme défense, qu'un pauvre petit pistolet! Mais, où sout les dépouilles de tes nombreuses victimes?

— Données, mon cher, je n'ai gardé que la dernière, n'ayant plus l'espoir d'en rencontrer. Au Tanganika, il n'y a que des léopards. Ils n'ont qu'à bien se tenir.

— Sais-tu que tu es un fameux fusil.

— Tu parles, au régiment comme caporal, j'avais déjà tous les premiers prix; depuis, je n'ai fait que me perfectionner. Dans les concours de société, je raflais tout. C'est inouï, le nombre de couverts en ruolz, que j'ai laissés chez moi.

Alors Aubroë, avec son rictus moqueur :

« Tu ne ferais pas mal de nous tuer une antilope, cela nous changerait des poules au sang. Il y en a justement du côté de la rivière, ce n'est pas loin d'ici.

— Pourquoi ne pas y aller, vous autres; en ce moment, je suis occupé à mes calculs, tous ces chiffres dansent devant mes yeux une farandole des plus fantastiques. Il me serait impossible de viser. »

Toutes ces histoires se racontent le soir, en prenant le café.

Or, un matin, je viens aspirer la fraîcheur qui vient du lac, pas un blanc n'est encore là. Tous les boys rassemblés sont dans une agitation extrême, qui se traduit par des signes, des gestes simiesques, des psit..., des chuts étouffés. Le plus petit va quérir de Morvan, qui sort bientôt « *dans le simple appareil, etc...* », jette son regard d'aigle vers le point indiqué, rentre brusquement, pour revenir muni d'un lefaucheux et de deux cartouches. Au moment de descendre, il se ravise, il a demandé un objet indispensable, un vêtement, sans doute, car il est encore en chemise, caleçon et savates ; son petit boy *(chasseur)* lui apporte sa fameuse pipe bien bourrée ; il l'allume avec un soin méticuleux, comme font les vrais fumeurs, sans toutefois quitter des yeux son objectif.

« A une quinzaine de mètres des billes de clôture, une belle antilope est paisiblement occupée à brouter de jeunes pousses. »

Cette importante opération terminée à son entière satisfaction, le Gérard du Moero se glisse silencieux vers la palissade, tel *Pathfinder ;* il s'arrête, aspire

fortement la fumée du tabac, puis, avec des gestes calmes, méthodiques, il épaule, vise longtemps, longtemps..., tandis que les boys sont muets, immobiles, tels des statues en bois ciré, et la jolie bête, inconsciente du danger, savoure avec délice les feuilles aromatiques, que joyeuse, elle vient de découvrir dans cette vallée de misères...

Pan !... le coup est parti sec, presque imperceptible ; aussitôt s'élève un nuage de fumée blanche, peu après dissipé par la brise matinale, on peut voir alors, la malheureuse bête... s'éloigner, galopant avec grâce, sans précipitation...

« Ta seconde cartouche !

— La voilà, répond le capitaine plein de gaité (il l'a conservée dans la main) ; avec cette fichue palissade, il n'y a pas moyen de viser. »

Pendant ce colloque, l'élégante gazelle, caracolant, bondissant, disparaît à tout jamais.

« Cela ne fait rien, elle reviendra. C'est singulier, je ne sais pas viser avec un lefaucheux, il me faut un mauser. Mais tu vois, je ne quitte jamais ma pipe. (En même temps, il me montre sa compagne, encore allumée.)

— Oui, je comprends, si cet animal avait été un lion, tu ne l'aurais pas manqué.

— Bien sûrement, mais qui voudrait faire du mal à un être aussi gracieux. »

Après cet exploit cynégétique, on n'exposa plus jamais, la peau de lion ; plus jamais non plus, on ne parla de chasse.

Le lundi 1er octobre, les porteurs commandés sont enfin arrivés, nous nous mettons en route. Il n'est pas trop tôt, 7 h. 1/2, il en est toujours ainsi quand on quitte un poste : les malles ne sont jamais prêtes, les boys sont invisibles, occupés qu'ils sont à faire

leurs adieux. Aujourd'hui, leur absence prolongée
devient inquiétante. Vont-ils nous brûler la politesse?

On se débrouille tant bien que mal et les charges
sont réparties. Le chef de poste a préparé un plantureux déjeuner : « Vous ne mangerez plus de la

journée, dit Aubroë, comme moi, du reste, aujour-
d'hui, on apporte du caoutchouc. »

Les porteurs reçoivent des vivres et de la verroterie *(monnaie courante)*. Alors, les boys s'amènent
déjà, ils sont importants et pressés, recouverts de
chapeaux et de pagnes insoupçonnés. A la hâte, ils
distribuent aux pagazi complaisants, divers objets,
leur propriété personnelle, auxquels ils attachent bien

plus d'importance qu'à tout votre saint-frusquin ; les récalcitrants sont un peu houspillés. Il daignent, en passant, jeter sur vous un regard inquisiteur, puis, pleins de confiance, ils vont prendre les devants.

Dès l'aurore déjà, Adonis est prêt, ses longues jambes serrées dans de grandes guêtres en cuir fauve, qui leur donnent l'apparence d'une longueur invraisemblable. De ses longs doigts, il retourne en tous sens des baromètres anéroïdes, des calepins et autres objets à emporter. Journaux et revues ont été remisés pour ce jour-là, il est des nôtres avec de Morvan, ils vont relever quelques points encore inobservés.

Nous traversons en pirogue la Tuvua, peu profonde en ce moment. Cette rivière, large de 25 mètres, roule ses eaux claires et fraîches sur un lit de cailloux. Par un sentier en colimaçon, nous gagnons le sommet de la colline rocheuse, qui fait éperon entre le lac et la rivière. A travers les aspérités, évitant les éboulis, nous gagnons l'extrême pointe.

D'ici, la vue s'étend au loin, très loin : « Je te remets le lac, fait de Morvan, avec le geste du propriétaire faisant les honneurs de sa maison, tu vois qu'il n'y a plus de lion. »

Le lac, tel qu'il se présente à nos yeux, a tout à fait l'aspect d'une profonde cuvette de forme ovale, dont les bords épais sont des chaînes de montagnes ; de-ci de-là, quelques brèches ou même de simples fêlures : ce sont les vallées, c'est par là, que dévalent des hauteurs, les rivières torrentueuses qui alimentent le lac. Lors des fortes pluies, leurs eaux considérablement grossies se précipitent impétueuses, entraînant dans leurs flots bouillonnants des quantités de terre et de plantes. C'est pourquoi le fond du lac est limoneux, et les rives si fertiles. De là aussi, ces bois de hautes futaies, qui s'étendent au loin dans le lac, leurs longues chevelures de branches enchevêtrées et leurs tentacules de grandes racines, étroitement nouées dans une union indéfectible, ils résistent aux tempêtes, aux tornades les plus terribles.

Les eaux, naturellement, sont bourbeuses et saumâtres. Presque partout, le poisson quoique abondant et de belle taille est immangeable, pour l'Européen s'entend, l'indigène s'en accommode très bien.

Nombreux aussi, les hippos qui y trouvent des racines en abondance. De plus petite taille que ceux du Congo, ils sont de caractère irascible et très dangereux, s'acharnant après les petites embarcations qu'ils culbutent aisément. Il est déjà arrivé maints accidents de ce genre; des Européens n'en sont pas revenus, car les crocodiles aussi, pullulent. Les indigènes à la pêche sont armés de lances, et souvent d'un fusil par pirogue

Les bois paludéens, comme ceux de la côte, sont peuplés de singes d'espèces diverses : les plus nombreux, les plus bruyants, sont les cynocéphales, sem-

blables à nos caniches noirs, tondus en lions. Ils sont amusants, tandis qu'ils cabriolent et bondissent de branches en branches, un seul cri et la bande a disparu.

Nombreux aussi, les oiseaux d'espèces peu variées : assez bien de ramiers, les passereaux abondent, leurs nids roux, des boules d'herbes sèches, se multiplient à l'infini, accrochés un peu partout, même aux plus petites ramilles, se détachant dans une note claire, sur le feuillage foncé.

Les côtes sont très fertiles, mais aussi marécageuses en bien des places, c'est pourquoi les autochtones leur préfèrent les vallées des rivières, aussi fécondes et plus saines. Leurs villages sont bien situés à 1,500 mètres d'altitude, puisque le niveau du lac est déjà 1,100 mètres, c'est assez dire que les nuits sont fraîches dans ces régions.

Nous cheminons quelque temps, encore en compagnie de Morvan et d'Adonis, qui bientôt nous quittent, enfilant un sentier qui conduit à l'autre versant, tandis que nous continuons à mi-côte, un chemin aisé, rafraîchi par la brise.

C'est à présent, seulement, que je remarque les porteurs de la machela, des gaillards de 2 mètres au moins. Deux sont au palanquin, les autres relaient. Six de ces types suffisent amplement; avec d'autres porteurs, il en faut bien dix, et encore ça ne va pas toujours.

Le plus souvent, les disponibles baguenaudent loin derrière; quand on veut les employer, il faut les attendre, encore heureux qu'ils n'aient pas pris les devants, libres de toute charge. Non seulement ceux-ci ne s'éloignent pas, mais de leur propre mouvement, ils réclament leur tour de portage.

Ces gens sont des Rougas-Rougas, plus exactement Ruka-Ruka *(Ruka signifie voler comme un oiseau)*; semblables aux Peaux-Rouges pour la longueur de leurs jambes, ils les égalent pour la rapidité de la course.

Jadis, au temps des M'Siri et des Simbas, ce n'étaient rien moins que des voleurs de grand chemin, au service d'Arabes et de Portugais marrons, qui, fournissant les armes, organisaient les expéditions.

Une caravane étant signalée, ils allaient s'embusquer, pour apparaître soudain à un moment propice; en un tour de main, ils enlevaient tout ce qui était de bonne prise, pour disparaître... *plus rapides que l'hirondelle (chœur de Riga).*

Ces voleurs, honnêtes à leur façon, rapportaient intégralement le butin à leurs seigneurs et maîtres, qui en faisaient un partage équitable, aussi à leur façon. Ces fructueuses entreprises étant rendues impossibles par l'organisation actuelle de l'Etat, leurs facultés locomotives sont utilisées d'une façon plus profitable à l'humanité.

Ces gaillards-ci ont certainement dû participer à quelques-unes de ces expéditions : le plus râblé, aussi le moins long, a déjà essuyé trois coups de feu, encore qu'il a le corps couvert de cicatrices : coups de lance, de sabre, que sais-je? Il n'a plus qu'un œil, un autre n'a plus qu'une oreille; celui-là n'en a plus du tout; ce diable-ci a reçu dans la hanche un coup de lance, qui le fait boiter; quand il court, on ne s'en aperçoit guère. Cette grande canaille de

2 mètres 10, avec sa tête pelée de franc moineau, est le plus cocasse et le plus turbulent; il n'a plus de mains, et il se sert de ses moignons, avec une dextérité surprenante; porteur de la machela, il est le plus rapide, toujours à l'avant; sans ralentir, il change la hampe d'épaule, croisant les bras et baissant la tête, il fait glisser le bambou sur sa forte nuque.

Cette manœuvre est exécutée simultanément par les deux porteurs en pleine course. Avec eux, jamais de chute, comme cela m'est arrivé avec certains lambins, mais c'est un rude choc pour le bas des reins. Son épaule soulagée, le Brabo porte à ses lèvres, un instrument sphérique suspendu à sa ceinture, et il en tire les sons les plus stridents, tandis que les autres, avec leurs poumons comme des soufflets de forge, mugissent dans leurs cornets à bouquin.

Les voilà qui ralentissent, ce n'est pas pour se

reposer, ils vont se distraire un tantinet, de la mono
tonie de la route.

Le nyampara a pris les devants, tandis que deux
porteurs s'écartent à droite et à gauche, les deux
autres restent à l'arrière.

Précautionneux, ils s'avancent, se dissimulent, se
courbent, s'effacent, tandis que leurs jambes s'allongent..., s'allongent..., faisant des pas de 2 mètres;
tout cela dans le plus grand silence, avec force gestes
et contorsions simiesques.

L'adversaire apparaît à leurs yeux, ils courent...,
volent..., sans bruit..., remuant à peine quelques
feuilles, telle une légère brise.

Sur un signe du nyampara, tout le monde se poste :
lui-même, à genoux, met sa carabine en joue, le gaillard de gauche lance son javelot, les autres moulinent du sabre; puis, avec un cri formidable, terrible,
tous se précipitent dans une course folle.

A peine essoufflés, ils s'arrêtent, riant à gorge
déployée.

Mollement assis dans la machela, j'ai pris une part
tout à fait passive, à cette vigoureuse attaque. Tels
sont les jeux de ces grands enfants, hier encore la
terreur des caravanes.

Ils moulinent du sabre, j'ai dit, leurs sabres sont
des tronçons longs de 0^{m}50, de cercles de ballots; ils
les ont reçus à M'Pweto, les ont redressés et aiguisés
à une des extrémités; ils les suspendent, par le trou
du rivet, à une liane enroulée autour de la ceinture.
Ils s'en servent, pour briser la coque de certains
fruits, qu'ils rencontrent en route.

Une localité est-elle signalée, tous se groupent au
port du sabre, le poignet à la hauteur du téton (droit
pour ceux de droite, gauche pour les autres), ils se

concertent un court moment, puis ensemble, soufflant avec force dans leurs cornets infernaux, ils se lancent ultra-rapides et passent en coup de vent, aux yeux ahuris des paisibles paysans *(basengi)*.

Aujourd'hui, le porteur de tête, le franc moineau, je pense, trop préoccupé de souffler dans sa conque, s'écarte de la voie principale, pour se rapprocher des chimbèques fort serrés en cet endroit: poussé par le second marchant à l'aveugle, ne sachant se guider, ni ralentir, il tourne à droite, l'autre à gauche, tandis que la hampe va se planter profondément dans un toit de paille; avec la vitesse acquise, votre serviteur va s'étaler sur le faîte de la maison.

Telle est mon entrée à Jabokunda, après cinq heures de cette allure rapide.

Le mardi 2, partis à 6 h. 1/2, nous atteignons vers 10 heures la Mission que dirige le révérend C..., appelons-le *Craque-fort,* car il est passé maître en l'art.

Pour éviter à mes Rougas-Rougas l'occasion d'une entrée sensationnelle, je mets pied à terre à quelque cent mètres des premières maisons. Porteurs et soldats, déjà assis ou couchés, sont échelonnés le long de la route.

Tandis que je m'avance, je vois venir à moi, avec une démarche vive et dégagée, un homme pas trop grand, de taille bien prise, correctement vêtu d'un veston avec col et cravate, une culotte de cycliste, de longs bas, des souliers, la tête couverte seulement d'un léger chapeau de paille, un canotier à bords étroits, cependant le soleil est déjà haut. Ses mouvements sont saccadés. Il s'efforce d'être aimable, surtout après que je lui ai déclaré ma qualité d'officier belge. Avec civilité, je décline l'offre obséquieuse de son bras pour m'aider à marcher, ce ne sont pas ces quelques mètres qui vont rouvrir ma plaie. Je suis prévenu contre lui, je l'avoue, mais on ne saurait avoir aucune confiance dans le possesseur de ces petits yeux roux, qui, à la moindre alerte, se dissimulent sous le couvert de ses épais sourcils. Tout d'abord, je lui annonce que ma visite sera courte, le temps de présenter mes salutations, cette déclaration le pique au vif et le fait rougir; il rougit facilement, particularité que j'attribue, *in petto*, à la couleur de son poil carotte; alors il redouble ses instances déjà excessives : Mme C..., occupée en ce moment à endoctriner ses jeunes élèves, sera au désespoir de ne pas avoir fait ma connaissance; enfin, je ne puis partir sans voir son collègue le révérend Ickx.

J'accepte de déjeuner, avec la promesse de poursuivre ensuite chez M. Waverley, son compatriote, aussi un Écossais.

Nos gens, éparpillés sur la route, sont encombrants et mal à l'aise, exposés à toute l'ardeur du soleil; je demande de bien vouloir les abriter quelque part : « Je vais les faire conduire incontinent, mais auparavant, je veux leur parler. »

Il aborde familièrement les soldats, essayant de s'expliquer par des paroles et des gestes, je crois comprendre que je suis pour quelque chose, dans l'objet de ses discours. Mes lascars se contentent de

le fixer avec des yeux quelque peu narquois, mais aucun n'ouvre la bouche... pour parler s'entend, car la plupart bâillent à démonter leurs puissantes mâchoires.

Il est plus à l'aise avec les porteurs, originaires d'un village du Katanga, voisin d'une Mission anglicane. Avec eux, ce sont des poignées de mains et des expansions sans fin.

Pas un regard pour mes Rougas-Rougas, plantés au beau milieu du chemin.

« Et ces braves-là, vous n'avez rien à leur dire. Ce sont des *good fellow*.

— Ça, répond-il, il n'y a pas de pires sacripants, pas un qui vaille la corde pour le pendre.

— Vous m'étonnez grandement, je n'ai qu'à me louer de leurs services.

— Surtout, veillez bien à ce qu'ils n'aillent pas du côté de mes femmes.

— Vos femmes? vous en avez beaucoup?

(Rougissant encore.) Je dis mes femmes, ce sont celles de la Mission.

— Je l'entends bien ainsi.

— Sans plus tarder, je vais les envoyer au village, ainsi que vos soldats, qui, non plus, n'ont pas l'air fort commodes. Les autres resteront ici, je vais leur donner à manger.

— Ils ont tous également faim, dis-je pour finir. »

Et l'on s'achemina vers la demeure du révérend C...

La construction toute en bois se compose de deux grands corps de bâtiment, deux longs parallélipipèdes à pans coupés, une étroite galerie les relie par le milieu de leurs longs côtés. Une large estrade, assez élevée, contourne tout l'édifice, un toit proéminent le recouvre, constituant deux grandes marquises de chaque côté du couloir. Les terrasses ici, ont été arrangées en salons de plein air : des nattes en fibres recouvrent le parquet, sur lequel on a disposé des sièges en osier. Des arbres en caisse (des orangers, des citronniers, des palmiers) abritent à la fois, des rayons du soleil et de la brise trop forte.

Je n'ai pas vu l'intérieur de l'aile droite.

A la gauche, nous avons d'abord : un petit salon

carré à pans coupés, garni de tentures en fausse perse,
des sièges en osier, une bibliothèque, en un coin une
cheminée sans entablement; partout, sont
affichées des devises, des proverbes,
des versets de la bible comme dans
les temples protestants. Plus loin,
une vaste salle à manger, dont un
crépi blanc recouvre les cloisons, au milieu, une grande table
fruste, quelques chaises en bois.
Tout au fond, un vaste hall; le
long de chaque côté, courent quatre
gradins, sur lesquels sont disposés
des fétiches de grandeurs diverses. Il en
est de la taille d'un enfant, ils sont tous sexués avec
une exagération, dont on a nulle idée.

« Beau spectacle pour madame.

— Elle y est habituée.

— Depuis son mariage, peut-être?

— Nous étions mariés avant d'arriver ici, j'ai été
chercher ma femme au Zambèze.

— Ah! je comprends. et elle est revenue avec?

— Avec quoi?

— Avec les baises, sans aucun doute. Tiens! vous
avez mis tous les maris d'un côté et les épouses de
l'autre. Probablement, pour éviter des conflits, des
scènes de jalousie?

— Non, c'est par imitation de ce qui se passe dans
vos temples catholiques.

— Pas en Belgique, toutefois.

— C'est possible, mais ailleurs, c'est ainsi. »

(Alors, montrant les mâles.) Ma femme s'occupe de
ceux-là, et moi je soigne celles-ci. Il en faut du temps
pour les épousseter et les cirer, ils sont trois cents,
pas un de moins.

Assis à l'ombre sur la terrasse, nous dégustons des boissons rafraîchissantes, composées de citrons naturels, écrasés dans de l'eau *idem*. J'ai en horreur ces liquides acidulés, je touche mon verre du bout des lèvres, l'altéré Pajole en absorbe trois grands, tandis que M. C... s'abstient, n'ayant pas soif.

Voici venir la longue Mme C... Elle a du galbe, dans sa robe fourreau de coton gris clair. Une simple cloche de fine paille enroulée de gaze blanche couvre une opulente chevelure aile de corbeau, qui, avec de grands yeux noirs, sans malice, font ressortir la blancheur mate de son teint. Ses mains sont belles et soignées. Elle ne comprend pas un mot de français, ce qui ne l'empêche pas de sourire à tout propos, pour montrer sa superbe denture.

Je m'étais déjà habitué au manque de charmes du révérend C..., mais l'apparition de cette jeune beauté en fit ressortir toute la hideur.

Comme les gorilles, il a le poil fauve, le sourcil saillant et broussailleux; du poil roux fleurit dans ses oreilles; tandis que sa figure est mangée de barbe, ses mains et ses poignets sont atrocement velus; le peu de peau encore visible est criblée de taches de rousseur, ses dents sont infectes.

Voici venir maintenant, en chair et en os (en os, oui, en chair, c'est un peu m'aventurer), ce cher M. Ickx, accompagné de sa mignarde et sémillante épouse.

Il est très long, très sec, tout en carcasse, sa toilette des plus élémentaires : une chemise de nuit en coton blanc, le col liséré de rouge, un léger caleçon de percale, les pieds sans chaussettes nageant à l'aise dans de vastes espadrilles ; sur la tête, un grand chapeau en moelle de sureau.

Où diable ! ai-je bien vu cette tête burlesque ? Ce visage glabre, de la couleur des vieilles chandelles ; cette grande bouche, sans lèvres, fendue comme un trait entre les deux oreilles en pavillons ; ces petits yeux ahuris, papillotant loin en dessous de larges sourcils haut placés, qu'un tic relève constamment comme pour rejoindre des cheveux filasses, plantés drus et bas.

Un grand parasol gris empêche que les rayons ardents ne viennent fondre ce grand flambeau déambulant.

A son côté, abritée par une ombrelle beige doublée de vert, trottine la mièvre et fraîche Mme Ickx.

Celle-ci s'est mise en frais de toilette. Certainement qu'elle porte une crinoline, afin de donner plus d'ampleur encore, à sa jupe de surah vert pomme. Sa taille est bien prise dans un corsage grenat à manches gigot ; un col de dentelles anciennes fait valoir la fraîcheur du visage, semblable à une rainette de l'an dernier. Deux longues boucles de cheveux châtains mêlés de blanc encadrent la face, qu'animent deux petits yeux de souris. Un chapeau cabriolet, rose, orné de rubans vert tendre, emboîte cette petite tête, qui ne peut rester immobile.

Après les présentations, les deux dames s'embrassent et se congratulent, comme si elles ne s'étaient plus vues depuis de nombreuses années. Tandis que nous sommes encore debout, la conversation reprend banale, et la petite perruche qu'est Mme Ickx, qui décidément ne peut tenir en place, porte des regards successifs sur tous les personnages présents, pour revenir avec une satisfaction manifeste, sur le grand homme qu'est son mari.

Ces dames s'étant retirées pour vaquer à quelques graves occupations, nous reprenons nos sièges. Master Ickx se renverse de tout son long dans un fauteuil pliant, étalant à nos yeux peu charmés, la nudité de ses chevilles. Les sourcils hérissés de M. de Craques et quelques mots lancés à mi-voix sur un ton très sec, le rappellent à la bienséance. Le malheureux Ickx alors, devenu plus vert que jamais, ne sachant plus comment se tenir, ni où se fourrer, se met à prendre les attitudes les plus variées : tantôt, repliant sous lui des jambes qui n'en finissent pas, tantôt, les étendant aussi loin que faire se peut, les liant, pour les dénouer ensuite. A cette mimique, qui trahit les tribulations de son âme, se joint celle analogue des membres supérieurs; de ces longs bras qui balaient le sol, lorsqu'on les laisse pendre. Et ces mouvements sont si brusques et si précipités, et les angles de ses épaules, de ses coudes et de ses genoux sont si aigus, que je suis envahi subitement, par la crainte de voir compromise, l'intégrité de sa chemise et de son caleçon extra-léger.

Un regard fortuit sur la grande bouffarde de C... est pour lui une révélation; avec un geste héroïque, il retire de je ne sais quelle profondeur, une pipe d'un minuscule idiot, vu les dimensions infinies de son propriétaire, puis l'ayant allumée avec l'attention soutenue que comporte une telle opération, il se met à lancer vers le ciel des spirales de fumée bleuâtre, les suivant des yeux, comme s'il les chargeait d'implorer la justice du très Haut.

Tandis que je m'efforce d'ignorer cette pantomime, soutenant avec C... une conversation vague et sans intérêt, Pajole, qui oublie d'entretenir le feu de sa cigarette, reste la bouche bée, les yeux fixés sur Ickx, comme s'il observe le plus étrange phénomène, qu'il ait rencontré dans ses carrières diverses.

Mais ces dames nous sont rendues, elles ont été très occupées, leur teint s'est animé. Comme apparaît cette mauviette de Mme Ickx, toute parée de vert et de rouge, je crois revoir cette pétulante duègne, qui, dans *Lackmé*, chantait si gentiment :

<blockquote>
Qu'on m'apporte mon parasol,
Mon parasol.
Il faut vraiment que l'on soit folle,
Que l'on soit folle,
Pour sortir sans parasol,
Sans parasol.
</blockquote>

Mais ses bons yeux ont fait le tour du groupe, les arrêtant pour finir sur son grand homme, celui-ci lui a répondu par un long regard désespéré, ces deux âmes se sont comprises, et les petits yeux, devenus subitement humides, se sont dirigés pleins de reproches sur le révérend C...

Bon petit cœur de Mme Ickx, je baiserai volontiers tes bonnes joues rouges et ridées comme les rainettes, dussent-elles, par ta longue cohabitation avec ton échalas de mari, avoir le goût rance, le goût des vieilles chandelles.

Avec effort, Ickx refoule les sentiments tumultueux qui troublent son ordinaire quiétude. Il se redresse d'un élan, me serre nerveusement la main, lance à C... un regard contempteur, dédaigne de voir Pajole, puis il s'éloigne, la tête droite, ses quatre membres longs et maigres se mouvant avec des airs de balanciers. Le suit de près sa tendre épouse, qui s'efforce en vain, de le rejoindre avec des sauts précipités de bergeronnette.

Quand ce couple disparate et cependant si uni, ne fut plus en vue, C... sourit, puis il se mit à aspirer sa bouffarde avec une telle vigueur, que bientôt d'épais nuages voilèrent à nos yeux ses traits peu sympathiques.

Et moi. — Votre collègue ne perd pas de temps à la toilette?

M. C... — Il est venu en hâte, dès qu'il a appris votre visite. Il était couché.

— Il est cependant plus de midi, midi et demi.

— Il ne se lève jamais avant midi.

— Il ne doit pas vous rendre des services incommensurables?

— Il n'en rend pas du tout, j'ai demandé à ce qu'il soit dirigé sur la Mission en face d'ici, sur l'autre rive.

— Sa femme est plutôt... curieuse... *(Je me mords la langue, j'ai failli dire : cocasse. Pardon, chère madame.)*

— Ce sont de braves gens. Sir Waverley, chez qui vous allez ce soir, ne veut pas les fréquenter. Ickx avant tout est mon collègue, sa femme est une compagne pour la mienne, elles s'estiment beaucoup et se voient journellement.

Mme C... ayant annoncé que la table est servie,

nous passons dans la salle à manger. Nous prenons place à la table, où vingt personnes seraient à l'aise : Madame à un bout, avec Pajole à sa gauche, moi à sa droite, tandis qu'à l'autre bout, là bien loin, préside sans pontifier, le révérend C...

On nous sert des choses étranges et insoupçonnées : telle la soupe aux huîtres conservées, le reste à l'avenant ; ni chèvre, ni poule, ni œufs, ni patates, ni légumes d'aucune sorte. L'indigène, ici, ne fournit rien, le jardin de C... est épuisé en ce moment, à la fin de la saison sèche. Du reste, Mme C... mange fort peu, comme toujours, et le révérend pas du tout, il a trop fumé.

Mais voici venir le dessert, et nos hôtes tout en nous conviant, y font aussi honneur. Ce sont de petites galettes de maïs et de manioc, préparées par ces dames.

On apporte des tasses, de l'eau chaude, trois petites boîtes énigmatiques. Mme C... plonge une cuillère d'argent, successivement dans chacune d'elles, en retire des pilules de couleurs diverses, qu'elle projette dans chaque tasse ; l'eau chaude versée, elle agite la potion avec l'unique cuiller : servez. ce breuvage représente du thé, c'est fort mauvais.

Quand je me lève de table, j'ai la sensation d'avoir avalé du plomb. C... suçant, un cure-dent, ne fait que répéter : « Ma femme fait très bien la cuisine. »

Madame s'est retirée pour s'occuper du personnel, tandis que nous prenons place au salon. Pajole, affalé dans un des grands fauteuils, m'adresse un regard angoissé, puis s'endort. Je lutte pour ne pas faire de même, continuant avec C... une conversation des plus décousues, mais non dépourvue d'intérêt

Le sieur C... aurait, d'après ses dires toujours sujets à caution, vingt-trois ans de séjour au Katanga. Quel âge peut-il bien avoir? Il accuse 40 ans à peine, ses dents seules ont été éprouvées par ce long séjour en pays chaud. A ses débuts, il était affligé de fièvres fréquentes, il croyait bien ne pouvoir résister au climat; maintenant qu'il y est fait, le séjour d'Afrique est pour lui plein d'agrément. Il s'est fait un genre de vie, pour sa plus grande commodité, jamais ne broyant du noir, ni se foulant la rate.

— Et l'éducation des noirs? Et la propagation de la Bible?

— *(Avec un haussement d'épaule.)* Pour ce qu'on en retire, c'est comme si l'on semait du froment dans les cailloux. J'ai ici une institutrice noire, diplômée, chargée de l'instruction. Ma femme leur apprend des cantiques, c'est tout ce qu'on peut faire avec ces abrutis.

— Les Pères Blancs ne se contentent pas seulement de catéchiser leurs néophytes: les mariant aussitôt après leur conversion, ils les installent, leur enseignent des modes de culture rationnelle. Ils ont ainsi des succursales de la maison-mère, sous la surveillance d'un capita ou dizainier, qui, trois fois par jour, les réunit pour la prière en commun. Pour cela, il parcourt la station, agitant sa sonnette; il donne aussi le signal de la reprise ou de la cessation du travail.

— Ici, rien de semblable, ces gens sont couchés du matin au soir. C'est à grand'peine qu'on les rassemble pour la classe. C'est moi qui les nourrit. Si je veux avoir des poules, je dois aller loin, très loin, et payer cher, très cher; cependant, je connais tous les habitants, je les ai vus naître pour la plupart.

— Lors de mon arrivée, j'ai déjà remarqué cette apathie, j'ai vu toutes ces grasses commères, écroulées lourdement sur leurs barazas, relevant à peine la tête à notre passage, pour jeter sur nous le regard calme et humide de l'innocente génisse.

— Et dans les missions catholiques?

— Il en va tout autrement : quand ils sont au travail, épars dans les champs, ils cessent un instant pour saluer ; s'ils sont en groupe, l'un d'eux se dé-

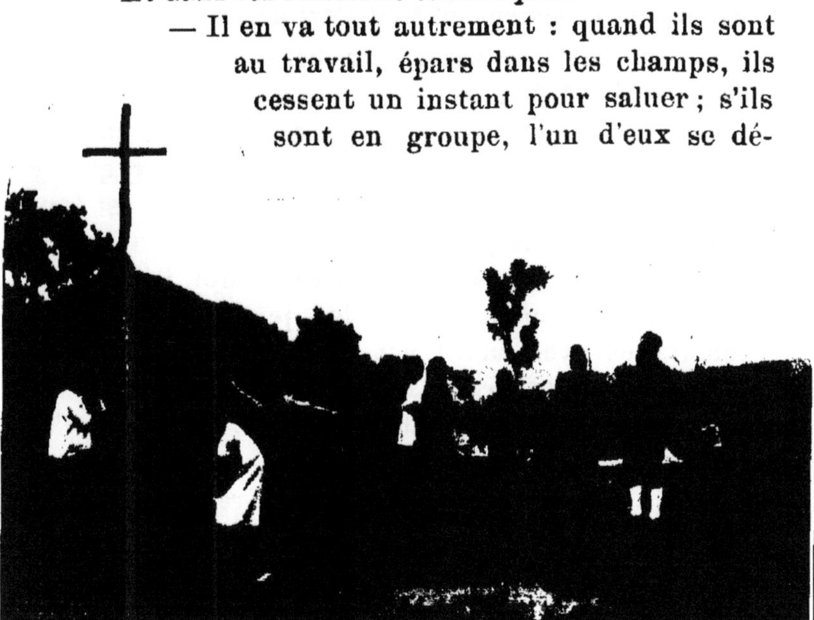

tache pour se porter à votre rencontre, se mettant à votre disposition pour tout renseignement. Dans les villages, c'est mieux encore, non seulement le dizainier vient s'enquérir de vos besoins, mais tous, hommes ou femmes, les grands, les petits, viennent vous souhaiter la bienvenue, jusqu'au mioche accroché au dos de sa mère, qui vous tend sa menotte potelée.

— Avec les miens, il n'y a rien à faire.

— C'est la manière.

— J'ai essayé toutes les manières. C'est plutôt une question de race, les miens sont des dégénérés, des abrutis.

— D'où viennent-ils?

— D'un peu partout. J'en ai reçu d'un de vos collègues, avec qui, il y a eu un malentendu, j'ai écrit à votre gouvernement, et tout s'est arrangé.

— Vous avez eu aussi... un différend, avec le chef de poste de M'Pweto?

— Non, non, Aubroë est mon ami, c'est le parrain de mon enfant. C'est avec mon collègue Ickx qu'il y a eu palabre, encore un malentendu. Ickx est toujours fiévreux; de plus, il n'est pas au courant de nos rapports avec les agents de l'État. Moi, j'étais à la Mission, sur l'autre rive du lac, je suis en relations constantes avec eux. C'est de là que viennent mes vivres; ici il n'y a rien. J'en reçois les nouvelles les plus fraîches d'Europe et de partout. Ce matin, j'ai appris que le roi d'Italie, Humbert, a été assassiné, et hier... que les Anglais ont encore reçu une pile... Oui, oui, je ne le cache à personne, toutes mes sympathies vont aux Boers, dans cette guerre injuste. J'estime beaucoup leurs généraux, je les connais intimement.

— C'est par cette voie aussi que s'en vont vos nombreux rapports.

— Je n'expédie que des lettres particulières. Je n'ai pas à faire de rapports. Je ne suis pas prêtre, je suis un professeur, capable de renseigner ceux qui viendraient s'installer ici, pour faire de la culture; mais je ne suis lié par rien, je n'ai pas de contrat comme vous autres, je puis partir quand bon me semble.

— Puisque vous ne savez que faire de tous vos

noirs paresseux, pourquoi ne pas donner satisfaction au chef Mobanda, qui se plaint amèrement, que vous lui retenez indûment ses gens.

— Mobanda, je connais son village, un bourg misérable au milieu des marais, la région est malsaine et infestée de lions. La maladie a mis les habitants en fuite. Ils sont allés un peu partout, mais pas ici. Beaucoup sont partis avec Sénamé, chez les révoltés du lac Kissali.

— Tiens, il y en a encore des lions, j'étais persuadé qu'il n'y en avait plus.

— Ici, il n'y en a plus, mon voisin, Waverley, les a détruits ou pourchassés; mais il n'y a pas bien longtemps, ils étaient nombreux et entreprenants. Votre nyampara, alors mon boy, en a tué un, dans ce massif de lilas, près du lac. Cette maison n'existait pas, je logeais dans cette autre, qui est proche, je n'y étais pas tous les jours à la fête. L'an dernier encore, un Anglais, M. Johnson, est mort ici, malheureusement. Vous connaissiez M. Johnson?

— J'en ai entendu parler au camp de Jumbi (sur le Congo), où je suis descendu : il s'était aventuré, parait-il, dans ces immenses prairies, où les buffles étaient nombreux, il eut le malheur de blesser un solitaire qui le chargea vigoureusement, il était sans défense, sa carabine s'étant callée, il dut son salut à l'intervention des soldats, qui achevèrent la bête furieuse à coups d'albini.

— Ici, il n'eut pas cette chance. Là-bas, derrière ces collines que vous voyez, il y a des herbages, où paît notre troupeau; maintes fois, nous y avions relevé des traces de fauves, je les montrai à Johnson, venu pour se livrer exclusivement à la chasse. Pendant plusieurs jours, il mit en vain des pièges, lui-même se tenant à l'affût; puis il battit les taillis, visitant les anfractuosités des rochers. Perdant alors patience, il se relâcha de sa vigilance, sortant sans arme,

errant un peu partout, lorsqu'un matin, le boy qui l'accompagnait, fut culbuté par un lion embusqué. Alors Johnson, de courir à sa tente dressée à proximité, pour revenir avec sa carabine. A son retour, il y avait, en plus, la femelle et deux lionceaux; sans réfléchir aucunement, voulant avant tout dégager son boy, il tire sur le mâle, tandis que la lionne bondissant lui casse l'épaule d'un coup de patte; mais, le bruit de la détonation, les appels du chasseur, ainsi que les rauquements des fauves, ont attiré le personnel, et quelques coups de feu mettent les animaux en fuite. Le boy était mort déjà, le blessé fut porté dans sa tente, perdant du sang en abondance. Le lendemain, il succombait à son tour.

— Tiens, une aventure, qui a quelqu'analogie avec celle-ci, est arrivée à un officier belge, on me l'a contée à M'Pweto.

— Non, non, celle de Johnson est authentique, j'ai assisté à ses derniers moments, et j'ai annoncé le décès à la famille. »

Plusieurs personnes dignes de foi m'ont, en effet, certifié qu'un Anglais est mort en 1899, dans de telles conditions.

« Maintenant l'autre histoire.

— Laquelle?

— Celle de Waverley.

— Celle-là est plus simple, quoique triste aussi... pour son boy du moins. Ayant en mains sa carabine rayée, Waverley gravissait un sentier, véritable escalier creusé dans la montagne; devant lui, allait son boy armé d'un fusil à piston. Comme ils débouchent sur le plateau, surgit soudain un lion aux aguets; de sa grosse patte il renverse le boy, lui fracassant la poitrine; dans sa chute, le chien du fusil s'est abattu, le coup est parti, le fauve fait un léger écart dont profite Waverley, pour le foudroyer à bout portant.

— Et votre ancien boy?

« — Votre capita, c'est un très bon tireur, je voudrais l'avoir comme gardien du troupeau, il serait ici comme de la maison.

— Demandez-le lui.

— Je le lui ai demandé, il préfère voir du pays, voyager.

— Les femmes, monsieur, croyez-moi, les femmes.

— Mais la mienne est très bonne, il aura tout ce qu'il veut.

— *(Après un moment de stupeur.)* Nous ne nous comprenons pas, ce boy désire des choses que votre femme ne peut lui donner.

— Eh bien ! les femmes ne manquent pas à la Mission, il n'a qu'à se marier et s'installer ici. »

Tandis que j'écoute ces contes débités dans le calme et la fumée du gros cigare de C..., mon attention un peu somnolente est attirée par un bruit de dispute, venant de l'extérieur : une voix rouillée s'efforce, avec des sons stridents, de dominer des voix plus fraîches, mais moins criardes. « Ne vous dérangez pas, fait C..., je vais voir ce qu'il y a, Mᵐᵉ C... n'est pas à la maison, et tout ce tapage semble venir des cuisines. »

Il revient peu de temps après ; alors, avec une componction fort bien jouée :

— Ce sont vos gens qui ont volé les poules d'une pauvre femme de MA MISSION.

— Cette déclaration me stupéfie littéralement ; en fait de gens, nous n'avons ici que deux boys pas plus hauts que ça, deux enfants incapables d'un méfait.

Encore que pour pouvoir voler des poules, il faut

qu'il y en ait, et vous venez de me déclarer qu'il vous est impossible d'en trouver.

— Il paraît qu'elle en avait, puisqu'on les lui a volées.

— Cet argument est limpide comme le brouillard, qui se lève sur le lac en ce moment, m'indiquant qu'il est tard, que déjà j'aurais dû continuer ma route. Je tiens, néanmoins, à élucider cette ténébreuse affaire, et la rendre aussi claire que le jour qui m'a vu naître.

— Je vais l'interroger encore.

— Vous faites bien, homme plein de probité, et assurez-vous surtout, que ces terribles gaillards de 5 ans, n'aient fait subir ni les premiers, ni les derniers outrages, à cette vétuste aux flancs d'ébène. » *(Baudelaire aurait dit : Vénus aux flancs d'ébène.)*

C... reste absent le temps minimum, pour revenir cette fois très affirmatif :

« C'est bien cela, votre boy a *volé* le canard de cette pauvre vieille. *(Puis généreux.)* Ne le punissez pas pour cette fois, il est si jeune, exigez seulement qu'il restitue l'objet du larcin.

— C'est très curieux, voilà que ces poules déjà, sont devenues un canard, je connais quelqu'un, qui tantôt sera dindon.

— Mais, c'est très sérieux, votre boy a réellement volé cette vieille.

— Et violé aussi, sans aucun doute. *(Sur ce, je me lève.)* Si vous le voulez bien, nous irons ensemble, interroger cette si malheureuse et honnête personne. »

Au pied de la baraza, je vois écumant et gesticulant, une vieille, sale, délabrée, couverte d'un sordide haillon ; à notre arrivée, sa colère redouble, elle retrouve un peu de souffle, pour invectiver les deux boys, qui, intimidés, n'ouvrent plus la bouche. Le mien a le palmipède en question, sous son bras :

« Avec votre permission, nous allons écarter ces deux petits bonshommes, dont la présence exaspère étrangement, cette discordante crécelle... Voilà qui est fait.

— Seriez-vous assez aimable, pour demander à votre cliente : depuis combien de temps, elle possède le fameux volatile?

— Depuis longtemps...

— Un an?

— Bien plu.u.us.

— Vous saviez, monsieur C..., que cette...dame, qui n'a pas l'air fort cossu, était l'heureuse propriétaire d'un canard domestique, le seul, l'unique, puisqu'il n'y en a pas dans le pays.

— Je l'ignorais complètement, fait C..., qui commence à perdre de son assurance: comme je vous l'ai dit, je m'absente fréquemment. Peut-être, ma femme connait-elle la chose.

— C'est possible, mais comme Mme C... n'est pas ici, je ne puis lui poser la question, ce qui est inutile, du reste. Possédant cette bête, depuis si longtemps, *votre* vieille doit bien savoir lequel des deux yeux est malade, presque perdu même. »

La femme hésite maintenant, C... l'encourage au moyen de signes et de mots bredouillés ; alors, avec aplomb :

« C'est une superbe bête, il a les deux yeux bien sains.

— Une dernière question, s'il vous plait : Quelle est la couleur des plumes de la queue?

— *(Avec vivacité cette fois.)* C'est une magnifique queue noire.

— Longue ou courte?

— Très longue, bien fournie.

— La cause est entendue... Arrivez, boys. »

Les deux moricauds, dissimulés là près, ont tout entendu, ils arrivent les traits épanouis.

« Voyez, dis-je à C..., ce canard ne peut pas être la propriété de votre si honnête pensionnaire, celui-ci a les deux yeux malades, et l'un est presque perdu.

Comme panache caudale, il reste ces deux malheureuses petites plumes blanches. Un Père Blanc de M'Pala a donné l'animal à mon boy, disant : « A partir d'ici, vous n'en trouverez plus un seul dans tout le Katanga. » J'ai promis un bon *matabiche* (pourboire) à cet enfant, pour qu'il le soigne jusqu'à Lukafu. Si vous êtes assez aimable, pour rapporter ces paroles sincères, à votre si honnestre pauvre vieille, il ne me restera plus qu'à vous remercier de vos peines. » Et C... de se tourner vers la goule effrontée, alors doucereux :

« Le commandant prétend que ce canard lui appartient, je n'y puis rien. »

Il me tarde maintenant de quitter cette maison, je vais rendre à M. Ickx sa visite du matin. Il n'a rien changé à sa toilette par trop simple, il insiste pour que j'accepte de prendre le thé, ce qui, paraît-il, avait été arrangé avec C... Je m'excuse à cause de l'heure avancée, il ignore, du reste, que je loge chez M. Waverley.

A quelques pas, C... m'attend avec deux porteurs qu'il m'a choisis pour la machela : deux gaillards vigoureux, à faces patibulaires. C... leur fait quelques recommandations que je n'entends pas, et les voilà partis d'un bon train. Mais quand le révérend est hors des vues, ils se mettent à renacler : d'abord, ils sont fatigués; il a été convenu qu'ils n'iraient pas plus loin; ils ne travaillent plus quand le soleil est si bas. Je les supplie, puis les menace de C..., chez qui, ils doivent alors me ramener; je leur fais un pont d'or de promesses.

Arrivés aux dernières chaumières de la Mission, ils s'arrêtent, regardant des femmes couchées avec indolence. Une de ces grâces leur ayant adressé quelques paroles, ils refusent absolument d'avancer, prétendant m'abandonner au milieu du chemin ; sur ce, je saute de la machela, le bâton levé.

« Vous marcherez, sinon…, car, si j'ai mal au pied, je n'ai pas mal au bras. »

Pajole, qui de loin a vu le geste, arrive à la rescousse. C'est leur dernière résistance, voyant qu'ils n'y gagnent rien, ils en prennent leur parti ; c'est du reste par là, qu'ils habitent, ils ne font aucun détour, mais ils préfèrent revenir libres de leurs bras et de leurs personnes.

D'une seule traite, ils vont jusqu'à la barrière, qui clôture l'installation du Nemrod venu d'Ecosse ; là, ils s'arrêtent embarrassés, se consultant : « Vont-ils franchir cette barrière ? » Cette hésitation n'est pas de longue durée : de là-haut, avec une vitesse extrême, riant, se bousculant, semblables à de jeunes bull-terriers, luttant de célérité, accourent deux boys pleins de vigueur. Loin de se communiquer aux deux porteurs, cette joie exubérante produit un effet tout autre ; déposant incontinent la machela et mon auguste personne, ils détalent avec une prestesse, que je ne leur connaissais pas tout à l'heure ; bientôt, ils disparaissent, toujours talonnés par les domestiques pétulants, tandis que, seul, je reste perplexe, appuyé à la palissade.

Peu de temps après, revoici mes jeunes gaillards tout essoufflés, ils s'emparent de la machela avec le geste de m'y installer, leur gaîté par trop turbulente ne me dit rien qui vaille. Je leur demande où est leur maître ; de la main, ils m'indiquent une maison là-haut, sur le plateau. Comme je les prie de me précéder, arrive le seigneur de céans. Il est de taille moyenne, un peu élancé, de robuste complexion, il a le teint frais des gens bien portants, après leurs ablu-

tions. Il sort de son tub, comme il me dit, s'excusant de sa toilette sommaire : une culotte, des bas, des souliers jaunes, une chemise : le col ouvert, les manches relevées, une casquette enfoncée sur le derrière de la tête; le tout, d'une fraîcheur sans pareille.

Pour terminer, nous dirons qu'il a la moustache et les cheveux courts et drus, de la couleur des blés murs, par un beau coucher de soleil; à fleur de tête, des yeux bleu clair pleins de franchise, ce ne sont plus les orbites broussailleuses, avec au fond, les minuscules lucarnes de l'âme trouble et bourbeuse du fameux C.... Waverley est un parfait gentleman, un Ecossais, partant noble comme tous les Ecossais.

D'aucuns prétendent qu'il n'est pas autrement respectable, qu'il est homosexuel, qu'il a été obligé de quitter l'Angleterre, compromis dans les affaires peu propres du poète Oscar Wild. Jamais personne, ici, n'a pu formuler une accusation, reposant sur des faits bien précis.

Toutefois, en 1902, le substitut de M'Toa recevait du révérend C... une lettre dont voici la teneur : « Mme C... ayant préparé certaines pâtisseries, chargea son petit boy, d'en porter au sieur Waverley. Celui-ci s'empressa d'y faire honneur, puis il congédia le boy, non sans l'avoir, au préalable, gratifié d'une étrange façon.

Le boy blessé dans son for intérieur, se plaignait de cette malséante intrusion.

Pour finir, le révérend demandait à venir à M'Toa, témoigner de tout ceci. »

A quoi, il lui fut répondu : « que sa plainte écrite suffisait, tenant lieu de déposition, mais il était indispensable que le boy se présentât en personne. »

Cette lettre resta sans suite, et l'affaire aussi;

mais l'histoire, à cause de la façon drôlatique dont elle fut contée, a fait le tour du Katanga. Tout le monde en a ri, personne n'y a cru.

Ce n'est malheureusement pas la seule délation que le révérend a à son actif.

Ce qui est pertinent, c'est que Waverley, seigneur terrien, colonel dans la territoriale, a quitté ses biens, rompu de grandes attaches, pour venir s'enterrer au centre de l'Afrique, dépensant comme seul peut le faire un lord richissime.

Son installation est une petite cité : une grande place entourée de constructions d'inégales importances. La plus récente a la forme d'un grand cylindre en bois, divisé en deux pièces superposées. Une rampe mobile donne accès à l'étage, qu'entoure un large balcon avec balustrade. Sur tout le pourtour, sont rangées des têtes d'antilope de toutes les espèces : aux pointes recourbées ou dardantes, celles des buffles aux cornes immenses et incurvées ; des crânes blanchis d'hippos aux puissantes mâchoires ; des peaux de zèbre et de lion. A des rateliers sont exposées des carabines au mécanisme perfectionné. Le maître de céans est un grand chasseur devant l'Eternel.

Le rez-de-chaussée, qui sert de magasin, reçoit la lumière par une seule baie circulaire, pratiquée dans le plafond. Il y a là une montagne de petites malles en tôle d'acier, des caisses de vivres *(show-box)* ; une quantité de vins divers, en dames-jeannes ou en bouteilles : du blanc, du rouge, du champagnisé ; il en est venu d'un peu partout : de France, d'Espagne, du Portugal et même d'Amérique ; des liqueurs de tous les parfums, de toutes les couleurs. Enfin, un arsenal de fusils à piston (les armes de précision sont toutes à l'étage). Puis des trophées d'armes indigènes : des lances, des sabres, des couteaux, des flèches. Puis, des tapis, des nattes, des tentes, des ballots d'étoffes.

A quelque 15 mètres, avec une baraza élevée, se dresse la demeure primitive, il l'occupe encore quand il a des hôtes, comme aujourd'hui, par exemple. Au second plan, sont les cuisines et les commodités. A l'autre bout de la place, disposées en arc de cercle, sont de petites maisons pour le personnel nombreux. Ce sont tous de jeunes gaillards bien découplés, pas une femme : « Je n'en veux pas dans la station, déclare Waverley avec ingénuité, elles sont toutes, sales, paresseuses, voleuses, disputeuses. »

Comme il termine ces mots, accourt, avec furie, la plus terrible sorcière que l'enfer ait créée, mais deux serviteurs l'ont arrêtée au passage. Waverley, parti aux informations, revient me conter la palabre : c'est encore la mégère de C..., qui, butée comme elles le sont là-bas, tente encore d'avoir le canard de mon petit boy. Et mon hôte, mis au courant des faits : « C'est une pauvresse, à qui j'ai toujours fait l'aumône, quoi qu'elle m'ait volé. A diverses reprises, je lui confiai des étoffes, des perles, pour m'acheter des œufs, des poules; elle disparaissait alors pour longtemps, et ne rapportait rien. Maintenant, qu'elle vient faire du scandale chez moi, c'est fini. »

Du balcon, nous dominons le préau, dont le sol a été aplani et battu : là, une douzaine de jeunes gens, agiles comme des singes, se livrent avec une bruyante ardeur au jeu de paume.

Avec des cris joyeux, d'une main sûre, ils lancent de petites boules de caoutchouc naturel, que les autres renvoient avec adresse.

Le bronze souple de leurs membres nus est en opposition, avec la blancheur immaculée de la culotte et de la vareuse ceinturée de rouge vif.

« Ils sont vraiment bien vos boys, et leur gaîté est communicative.

— Je tiens beaucoup à ce qu'ils se donnent du mouvement, c'est pourquoi, j'ai fait arranger ce préau. Trop bien nourris, ils engraissent vite, ils deviennent alors des lourdauds, qui ne font que dormir, comme sont tous les boys, dans les postes de blancs. Jadis, il en était de même ici, j'ai alors imaginé de leur apprendre ce jeu et aussi le football. Au début, cela n'allait pas tout seul, il m'a fallu beaucoup de patience ; maintenant, ils sont très forts, il m'arrive même de faire la partie avec eux. »

Je les exerce aussi au tir, j'ai formé quelques bons tireurs. C'est ainsi que je les entraîne, avant de me mettre en route.

Demain, je pars pour plusieurs semaines : je vais au sud du Moero, le long du Luapula, on m'a signalé des lions, de ce côté. Nous abattrons aussi quelques antilopes et des hippos. Tout le temps, nous logerons sous la tente, le produit de notre chasse sera la base de notre nourriture. Aussi, au retour, ils ne seront plus si gras. Tous ces beaux costumes sont laissés à la station ; en route, ils sont fichus comme des *bassengi* (paysans).

La table est dressée, le pauvre Pajole, qui ne peut digérer ce qu'il a avalé et entendu chez les révérends, se retire avec discrétion ; Waverley, qui ne sait comment me faire honneur, endosse une vareuse de coutil, qui le gêne énormément *(on étouffe là-dedans)*, il la retirera au dessert. Il affirme que je dois le traiter comme un domestique, entièrement à ma disposition : telle est l'hospitalité écossaise, de cette belle Ecosse, dont il est un pauvre représentant, perdu sur cette grande terre d'Afrique.

En même temps, il s'afflige de la médiocrité du repas que l'on va servir, son boy est loin de posséder les talents culinaires de Mme C...; puis, il est pris au dépourvu, la veille d'un départ pour la brousse, la plus grande partie du matériel est déjà remisée. Cependant, une somptueuse nappe damassée recouvre la table, des serviettes assorties sont pliées devant nous, la riche faïence safranée resplendit, en même temps que brille l'argenterie Louis XV, et que scintille le cristal des carafes et des verres.

Arrivent, l'un marchant derrière l'autre, deux boys, l'air grave, important, leur peau lubrifiée a des reflets métalliques, le lin de leurs vêtements a la blancheur de la neige.

Ils portent comme des ostensoirs : le premier, un légumier rempli de petites pommes de terre, rondes, jaunes *(de vrais marrons)*, arrosées de beurre fondu; le second, un plat allongé, sur lequel s'étalent, avec le reflet des vieux ors, deux poulets gras et dodus.

Comme échansons : deux négrillons hauts comme des bottes de gendarme, luisants comme des bronzes, vêtus d'une simple culotte blanche. Ils nous versent de l'eau de source bien fraîche, de l'apolinaris, du vin blanc, qui, déclaré aigrelet, est bientôt remplacé par du rouge, quelque peu sucré, un champagne doux, puis un extra-dry. Enfin, on sert le thé avec du sherry-brandy, des cigares, du tabac, et les serviteurs se retirent.

Je roule une cigarette, du tabac délicieux, cultivé

ici dans un terrain propice, puis expédié en Angleterre pour y être manufacturé. Sont envoyées en même temps, des cornes d'antilope, des peaux de fauve, de zèbre, etc.

Tout cela passe par Beira, où arrive son ravitaillement, le même que celui des officiers anglais au Transvaal, pour cette malencontreuse guerre, qui devrait bientôt finir au mieux des intérêts des deux partis, également sympathiques. S'il a des parents dans le cadre des officiers anglais, dont lui-même est colonel honoraire, il a de nombreux amis chez les Boers : les Dewet, Botha, etc.

Le révérend C... est franchement pour les Boers, mais il ne faut pas s'y fier.

Waverley, cet égaré au centre de l'Afrique, correspond non seulement avec l'Angleterre (sa patrie), la France (il reçoit directement des publications de Paris), mais encore avec le Canada, l'Australie et les Indes.

Ici, il s'occupe de littérature, de musique, de dessin, de photographie. Quand la saison de la chasse arrive, tout est remisé et confié à la garde d'un personnel spécial: avec le restant, il se met en route, pour reprendre la vie nomade de grand chasseur devant l'Eternel.

Ce gaillard-là n'a pas 30 ans.

Nous devisons jusqu'à minuit. Alors Waverley se retire en me faisant ses adieux, et je rentre à l'intérieur, où déjà ronfle Pajole. Mon lit est dressé, la tête sous une des baies de fenêtre; comme il n'y a ici, ni insecte, ni bestiole, la moustiquaire n'a pas été tendue. Je savoure la fraîcheur nocturne, en même temps que les vagues mélodies d'un phonographe lointain,

auxquelles parfois, viennent se mêler les notes guttu-
rales de mon hôte, on dirait d'un cantique.

Le champagne, le thé, le tabac m'empêchent de
dormir, je rumine la conversation de tantôt.

C... est un mauvais compagnon, un sournois, il
vous fait bon accueil, pour, aussitôt après, vous
décrier dans les lettres adressées à la Société qui
l'a délégué. Waverley n'en avait pas dit plus. Dans
la suite, certaines conversations et des documents
trouvés par hasard m'en apprirent davantage.

Il s'agit, en l'occurrence, du capitaine D..., que j'ai
représenté ailleurs faisant une guerre sans trêve aux
esclavagistes (Arabes ou Portugais marrons), la plaie
de la région.
A force de vigilance et de célérité, il avait capturé
une de ces bandes, au moment où elle allait être en
sûreté de l'autre côté de la frontière. Ne pouvant
rapatrier les captifs, malheureux déracinés de leur
pays natal, de qui, pour la plupart, les foyers étaient
détruits, et la famille dispersée ; il les avait confiés,
sans distinction de sectes : les uns aux missions des
Pères, les autres aux Révérends. Alors intervint C...,
s'empressant d'envoyer à son Comité, un rapport dans
lequel les faits étaient maquillés et travestis à plaisir :
les gens arrêtés étaient de paisibles et inoffensifs
marchands, et D... un gaffeur, entravant la liberté
du commerce.
Daredare, le commandant reçut de la rue de Bréderode, un pli lui enjoignant de relaxer ses prisonniers. Méconnu de ceux qui devaient le soutenir,
D... dut bien s'exécuter, et il s'abandonnait au plus

sombre désespoir, quand il reçut une lettre auto-
graphe du gouverneur de Boma, qui le félicitait, l'en-
courageant à continuer, malgré la décision prise par
le gouvernement.

Maintenant encore (en 1900), malgré les nombreux
progrès réalisés par l'Etat, le révérend n'a pas cessé
ses intrigues : dans ses rapports périodiques, il ne
cesse de se plaindre, de ce que sa mission n'est pas
suffisamment protégée contre les agissements des
soldats révoltés, campés près du lac Kissali. Puis, sa
prose expédiée, il s'en va le cœur allègre, accompagné de sa chaste épouse, rendre visite à ces mêmes
sacripants.

« M. Waverley, contez-moi, je vous prie, le différend qui surgit dans ces derniers temps, entre Aubroë,
le chef de poste de M'Pweto, et le révérend Ickx.

— Ickx n'est pas un révérend.

— Quoi, alors?

— C'est un simple agent d'une Société, ayant un
vague caractère religieux Auparavant, il était portier
chez un riche propriétaire foncier de l'île de Jersey,
que je connais intimement; c'est de lui, que je tiens
les renseignements sur Ickx, dont il ne voulait plus.
Sa femme est une ancienne cuisinière, venue aussi de
cette île. Je ne veux avoir aucun rapport avec ces
gens, je tiens à garder mon rang en Afrique, tout
aussi bien que je le fais en Europe.

— Mais cette histoire?

— C... ne l'a pas racontée?

— Il était absent, lorsque les faits se sont passés,
alors il préfère s'abstenir.

— C'est un menteur, il était chez lui, il avait

même des invités, venus de la côte orientale; cette affaire a été consignée dans son rapport. Moi, comme je l'ai dit, je ne veux rien connaître de ce qui concerne Ickx. »

Comme je n'ai pas les mêmes raisons pour me taire, ayant au contraire à cœur. de rapporter les faits et gestes de ces messieurs, au dénigrement facile, je vais tâcher de calquer le croquis. qu'Aubroë, lui-même, m'a fait de cette scène burlesque, qui faillit devenir tragique.

Aubroë, digne descendant de ces hardis Vikings, qui jadis incursionnaient sur nos côtes, s'était confectionné une yole. en adaptant un bout de voile sur une pirogue. Quand il avait le vent propice, il s'embarquait sur son dragon léger, pour glisser rapide sur le Moero, et tomber à l'improviste sur les maraudeurs. Tel Lohengrin et son cygne, arrivant à point pour sauver la vertu et punir le crime.

Comme il n'avait pas le Saint Graal à sa disposition, pour écarter de sa route les dangereux hippos, il l'avait remplacé. vaille que vaille. par deux soldats, ses pourvoyeurs habituels de gibier.

Ces maraudeurs, qu'il fallait prendre en flagrant délit, étaient un groupe de gens connus, des Européens associés pour pratiquer, à leur façon la liberté du commerce : sans souci aucun, du fisc ni de la douane, passant la frontière en des endroits idoines, avec une pacotille de verroterie et de cotonnade légère, pour revenir en sourdine, avec des tonnes d'ivoire et de caoutchouc, au besoin même, vendant le porteur avec la charge, pour permettre aux révérends de crier : *La traite existe toujours au Katanga.*

Or donc, ayant été avisé que l'on était en train de charger du caoutchouc sur un petit steamer, à proximité de la Mission, Aubroë s'embarque sur son dragon léger.

Arrivé à quelques cents mètres de là, il descend, confiant son léger esquif à ses deux lascars fidèles,

puis il se dirige vers le vapeur, l'air indifférent, jouant avec une légère badine.

Mais sa présence déjà est signalée. Aussitôt, accourt vociférante, tumultueuse, une bande d'indigènes, armés de lances, de flèches, de bâtons. Derrière, furieusement s'agitent, poussant des cris suraigus, les grosses maritornes, qui, cette fois, ont secoué leur torpeur, abandonnant tout voile et toute

pudeur, pour être plus libres dans leurs gestes dés-
ordonnés. A la tête de cette horde turbulente, ce
fantoche de Ickx, dont les bras et les jambes, d'une
longueur et d'une maigreur invraisemblables, sont
agités de mouvements giratoires, qui les font res-
sembler aux ailes tourbillonnantes d'un moulin fantastique, pendant une terrible bourrasque.

Sa tenue de guerre est celle de tous les jours :
des espadrilles, un caleçon, une chemise ; son chapeau a été jeté... par-dessus le moulin, par une
malencontreuse rencontre de son pauvre petit crâne
anémié avec une terrible carabine, qu'il agite comme
un tomahawk, terrible seulement pour cette tête
minuscule, sur laquelle vient subitement de se déve-
lopper la monstrueuse bosse de la frénésie.

Pourquoi, aussi, mettre tant d'ardeur à copier les
gestes des hommes sauvages, que l'on voit dans les
baraques de foire.

Et à son âge encore, regardez : ses yeux brouillés
de bile sortent de leurs orbites, son teint jaune est
devenu vert, sa bouche édentée est toute écumante,
des sons rauques sortent avec peine de ce long et
mince col, que l'angoisse jugule.

Profondément estomaqué par cette démonstration
discourtoise, Aubroë, l'œil bleu impénétrable, la
bouche au rictus sardonique, s'arrête avant de laisser
tomber quelques paroles plaisantes, une de ces
grosses malices, qui désarment ces grands enfants et
déchaînent leurs rires. Mais le grand Bardabouffe
aussi s'est arrêté, ainsi que sa bande, et de sa maigre
poitrine haletante sont partis, sifflants, quelques mots
inarticulés. Déjà les arcs sont bandés, bientôt les
flèches vont partir, en même temps que les lances
seront dardées.

Devenu grave maintenant, le Danois expose sobre-
ment, qu'il est tout simplement en balade (*il montre
sa mince badine*), il n'a pas d'arme ; là-bas, dans cette
pirogue, sont seulement deux indigènes, pour conduire la barque ou chasser l'hippo. Pourquoi tout ce
tintamarre, ces cris, ces menaces, ces flèches, ces
lances. Pourquoi commettre un inutile et lâche assas-
sinat, qui ne tardera pas à être vengé cruellement,
par une soldatesque effrénée, avide de carnage, exas-
pérée par la mort de leur chef.

« Et vous, vieille ganache..., allez-vous coucher. »

Je n'ai pas la prétention de rapporter ici les
paroles textuelles d'Aubroë, mais j'ose affirmer que
c'est dans ce sens-là qu'il s'exprima, et qu'ensuite
d'une courte délibération, les hommes, dont le courage se tempérait d'une prudence à toute épreuve,
rentrèrent paisiblement chez eux, suivis des femmes
que cette courte exaltation avait exténuées. D'un pas
lent et mou, avec du roulis dans les hanches, elles
regagnèrent leurs foyers, sans prendre garde aucunement, qu'elles exhibaient à tous regards, des rotondités que le pagne est accoutumé de recouvrir. Que
d'un autre côté, Ickx exacerbé se précipita vers le
steamer, avec des mouvements de mécanique rouillée,
mâchonnant et crachant d'incompréhensibles menaces ; arrivé sur le pont, il se redressa de toute sa
hauteur caricaturale, comme pour porter un défi à
'univers entier.

Et la suite ? La suite, il n'y en a pas. Aubroë, après
s'être informé du révérend C... qu'on lui dit absent,
s'en revint à M'Pweto, comme il était venu. Peu de
jours après, il recevait la visite de C..., lui appportant

des excuses pour la conduite... peu ordinaire... de son... Pulcinello, sujet à des accès de fièvre. Lui-même se trouvait alors en territoire anglais.

Le matin du mercredi 3 octobre, Waverley nous a envoyé du thé, un pot de mirabelles et de petits biscuits, c'est peu substantiel pour Pajole, qui n'a presque rien mangé hier : « Que veux-tu, mon vieux compagnon, il n'y a rien d'autre, le maître de céans est parti ou censé l'être, puisqu'il nous a fait ses adieux. La vaisselle de notre souper a été emballée, aussitôt le repas terminé; c'est pourquoi, aujour-d'hui, nous dégustons ce thé et ces biscuits extra-ordinairement secs, dans cette camelote émaillée dont l'Etat dans sa magnanimité, nous a gratifiés avec sa parcimonie habituelle. Cesse tes plaintes justifiées et espère. L'étape ne sera pas longue : trois heures et demie tout au plus, un pays délicieux, une route, comme tu n'en as jamais rêvée jadis, quand haut perché sur ton siège, tu conduisais à toute bride, ta grande bringue de *jumente,* vêtue de sa robe Pie IX *(sa robe neuve, couleur pie).*

» On dirait que les porteurs se font désirer; si on leur expédiait un boy, ou même, les deux pour aller plus vite. Mais, voilà les Rougas-Rougas. Que font-ils, là bas?... Parfaitement... c'est compris... Barrière infranchissable... Ordre du seigneur du village... Enceinte réservée au personnel...

» Bonne précaution, grand Nemrod, sans quoi, les trésors, que renferment tes magasins, seraient plus vite dissipés que les brouillards de la Clyde, qui te vit naître.

» Puisque les porteurs ne peuvent venir jusqu'à nous, nous irons jusqu'aux porteurs. *Allah seul est grand et Mahomet est son prophète.* »

Nous arrivons au village, où nos gens nous attendent, assis sur leurs charges, chacun veillant avec jalousie, sur celle qui lui a été confiée le jour du départ. Les premiers, qui nous aperçoivent, accourent s'informer du gîte d'étape : « La rivière Mulonde ». Cette bonne nouvelle, car elle est bonne, paraît-il, se transmet d'un bout à l'autre de l'agglomération, avec la rapidité du feu sur une traînée de poudre, et les voilà partis, criant, chantant, gambadant, cabriolant avec tant de souplesse et de légèreté, qu'on dirait, que ces malles en tôle d'acier ne pèsent pas plus sur leurs épaules, que les quelques plumes de ce malheureux canard, qui pend lamentable, attaché par les pattes à l'épaule de mon boy.

Près de là, assise par terre, une vieille fixe sur moi, des yeux couleur de café brouillé. Je reconnais la plaignante d'hier; décidément elle est tenace, comme, du reste, le sont tous les nègres, même, quand ils savent leur cause mauvaise. Dans dix ans, si je la rencontre, elle viendra encore réclamer le canard de mon boy.

« Bonjour, madame », dis-je avec une gaieté quelque peu narquoise, de ma canne lui montrant le canard. Elle acquiesce de la tête, et ses traits sombres se dérident : « Va, boy, présente tes compliments à Mama. » Le jeune espiègle, sans se faire prier davantage, s'approche câlin, caresser le cou de la vieille, qui, de ses mains calleuses, tapote les bras maigres de l'enfant; puis, avec un large sourire, qui découvre : ici, de courtes dents jeunes et là, de longues dents jaunes, ils se disent adieu, et le bambin s'éloigne insouciant, suivi des yeux pensifs de la vieille, qui mentalement les salue, elle ne les verra plus.

Au tournant de la route, je me retourne pour voir l'ensemble du village, il a un caractère particulier, quelque chose de non vu : les maisons coquettes sont uniformes, petites, elles se joignent, disposées en fer à cheval, comme un camp romain. La partie ouverte du rectangle est barrée par une construction beaucoup plus importante, la demeure du chef. Chaque habitation a deux portes, donnant accès : l'une à l'intérieur, l'autre à l'extérieur du camp. De ce côté, les barazas, en relief sur le chemin, sont ornées de balustrades qui ont des airs de balcon.

Bientôt, nous nous engageons dans un vallon, que limitent de hauts murs en pierre, alternant avec une succession de mamelons rocheux, que recouvre une verdure pelée.

Dans le fond, coule une rivière, dont les eaux claires et abondantes se précipitent en cascades du haut des marches granitiques. Plus loin, calme et sinueuse, elle flue avec un doux murmure, puis, strangulée entre de hautes roches, elle se fait mince; alors, dans une fuite éperdue, elle se précipite furieuse, écumante, pour échapper à la puissante étreinte. Elle va ensuite somnoler dans un large bassin, pour enfin continuer sa route, complètement apaisée.

Le vallon, de même, se rétrécit et s'élargit, formé, tantôt d'une suite de gibbosités, tantôt de pentes déclivant vers le thalweg.

Autour du bassin, c'est une plaine, que recouvre un tapis de gazon court et dru, piqueté d'aigrettes lilas clair et de fleurettes minuscules. Les pierres de bordure sont rouillées par la mousse.

De-ci de-là, des arbustes, quelques taillis, de rares arbres aux membres tordus.

Dans ce pré fleuri, se dressent de grands cônes de pierre blanche, que les lichens ont vert-de-grisés.

Parfois, au lieu de s'isoler orgueilleux et altiers,

c'est un couple bien assorti, qu'entoure une nombreuse famille de conifères plus petits, un cercle semblable aux cromlechs des Bretons. D'autres fois, groupe touchant, ils sont soudés et réunis, comme pour, dans un effort commun, résister à une puissance hostile, qui déjà les a écrétés.

On a aussi placé, les dispersant un peu partout, des poufs et des divans, qui invitent au repos. En voilà précisément un, au bord du chemin...

Et la route se déroule poussiéreuse et blanche : tantôt sinueuse et plate, suivant les méandres de la rivière, tantôt ondulée, épousant les rondeurs des mamelons.

Pas un oiseau, pas un être animé.

Nous traversons le cours d'eau, à un de ses étranglements, sur un pont du diable : une roche jetée d'une rive à l'autre. Pendant quelque temps encore, nous côtoyons la rivière ; puis, résolument, lui tournant le dos, nous franchissons des rampes et des gradins croulants, nous engageant dans la montagne, que recouvre un bois de hautes futaies et de taillis, en ce moment sans feuille, c'est un enchevêtrement de troncs et de branches noires, au travers desquelles on aperçoit le ciel brumeux, celui des jours de pluie.

Et nous grimpons, grimpons toujours.

Là-haut, un soldat s'est arrêté, il me fixe avec insistance, que me veut-il ? Ici, le chemin se bifurque, il va me guider.

D'un côté, ce sont des marais, de l'autre c'est une pente raide, difficile, dangereuse même. Bientôt, le sol devient humide, glissant comme enduit de savon noir, ou bien la roche s'émiette et s'éboule ; puis c'est une succession de petits murs étagés et de terrasses étroites : plates et unies ou déclives et caillouteuses. Telles, on les voit aménagées pour la culture de la vigne, sur les côtes bien exposées de la Moselle et de la Saare.

Dévaler de ces hauts degrés, n'est qu'un jeu pour mes lascars, aux longs bras, aux pieds durs comme de la corne; encore, y a-t-il des culbutes, suivies d'éclats de rire. Ces gens n'ont pas oublié l'agilité ancestrale ; tandis que moi, je suis raide, empoté, bien embarrassé avec mes chaussons minces, qui ne peuvent protéger mes pieds endoloris.

Dans les pentes trop glissantes, je m'accroche à toutes les branches (de salut), pour ralentir la descente, éviter la dégringolade dans les rocailles; parfois délibérément, je prends la position assise, qu'enseignait Masséna, à ses troupes, bloquées par les Autrichiens sur les hauteurs de Rivoli. Pour les hautes marches, je me penche précautionneux, tendant les bras à deux gaillards qui m'attendent au pied; puis, les saisissant par le col, je m'abandonne aux fortes poignes, qui me déposent délicatement sur la plate-bande.

Pour se livrer à pareil jeu, il faut être calme et ne pas peser plus de 60 kilogs. J'arrive au dernier gradin, non au bout de mes peines; cet ultième est un mur de près de 2 mètres, au pied, c'est le thalweg et le fort courant. J'avise une étroite corniche en pente légèrement descendante, des ramilles ont poussé dans les crevasses de la pierre, je m'aventure avec circonspection. Bientôt, le palier est trop étroit et il s'écaille, les branches ne sont plus là, idoines; alors, énervé, je me retourne et me lance d'une poussée des mains et des pieds, je suis accueilli par des bras secourables, une légère trempette vient cependant amortir le choc brutal de mes pieds, sur la rocaille tranchante.

Je suis encore attendri, quand je pense aux petits soins, aux attentions que ces grands enfants avaient pour moi, me sachant le pied malade.

Involontairement, je fais un rapprochement avec un petit incident, survenu pendant une manœuvre au camp de Beverloo.

Dans le cours de l'opération, je dus franchir le Swaartbeek, rivière bourbeuse s'il en fut. Sur la berge opposée, j'avise un petit tertre, l'air profondément honnête, je m'élance et j'arrive crânement les pieds joints sur cette motte, qui cède comme si elle était de beurre, emprisonnant mes bottines et ma base, pour les entraîner dans l'eau par un mouvement en arrière, tandis que le haut du corps est projeté sur la pente glissante, les mains agglutinées dans la vase. Quelques soldats, qui ont vu ma détresse, s'empressent pour me tirer du pétrin, mais le capitaine, les réprimandant avec grossièreté, les renvoie à leur place de rang, tandis que moi je m'enlize toujours davantage. Mais, comme les gros yeux injectés d'alcool et les grandes moustaches de ce rugueux personnage, n'ont jamais eu le pouvoir de m'émotionner, je donne l'ordre formel de venir à mon aide, à deux soldats de mon peloton, les désignant par leurs noms, et ils obéissent.

Il est vrai, que ces faits se passaient sous le beau régime du joyeux colonel Prosper, et il est de règle, malheureusement, que quand un chef se distingue par sa bêtise et sa méchanceté, il se trouve toujours des sous-ordres, qui le surpassent en voulant l'imiter.

Cette façon idiote d'interpréter les règlements est qualifiée : discipline prussienne. De cette discipline absurde, de ces Prussiens en toc, délivrez-nous, Seigneur ! Soyons Belges, soyons nous-mêmes, restons-le jalousement, nos troupes n'en seront que meilleures.

A l'endroit où nous sommes, à un coude, la rivière s'est élargie d'extraordinaire façon ; en ce moment, il n'y a plus qu'un ruisseau assez profond, qui flue sombre et taciturne, au pied des rochers. Tandis que vers l'autre rive, comme pour affirmer sa propriété, il a détaché, s'entrecroisant dans tous les sens, des quantités de petits bras, de rigoles, de simples petits filets, qui bourdonnent écumants, ou bien folâtrent avec une insouciante lenteur, musant, s'arrêtant à broder des dentelles autour des gros cailloux. Quand viendra la saison des pluies, les torrents dévalant des hauteurs, auront bientôt rempli cette grande cuve.

Mais aujourd'hui, je profite de cet état des choses, assis sur mon pliant, je me suis installé sur un petit dos d'âne bien poli, autour duquel l'eau court, répétant de joyeuses chansons ; les pieds déchaussés, je savoure les délices de l'onde fraîche glissant entre mes orteils.

Un soldat obséquieux, craignant que la solitude ne me pèse, est venu près de moi, il s'est accroupi, les jambes ramassées, les genoux sous le menton, il s'informe de ma santé.

Quand il me quittera tantôt, il prendra mon pied dans sa main, le tournera dans tous les sens, l'examinant d'un air entendu, puis le déposant : « Ça va bien. » *(Tendant une main quémandeuse.)* « *Mata-biche* » (un pourboire). Son argument est d'une logique intéressée : il s'est dérangé pour s'informer de ma santé, ensuite il a examiné mon pied, toute peine mérite salaire. Je lui montre mes deux mains vides : « Je n'ai rien », dis-je. Il indique mes pantoufles, je

refuse ; mes chaussettes, non ; puis mon veston, ma chemise ; enfin : « laissez-moi voir vos coffres, j'y trouverai bien quelque chose à ma convenance ». Comme je suis dans mes bons jours, je lui octroie une boîte de sardines, et le soldat aussitôt de me lâcher, pour s'encourir auprès des siens, agitant la boîte au-dessus de sa tête, avec un air vainqueur.

Et mon boy, qui a vu la scène, laisse là sa besogne ;

il est occupé à fricasser ur la pelle une poule étique,
notre repas de tantôt. Il s'amène, l'air sévère et com-
passé :

« Ce soldat a volé une boîte de sardines, fait-il avec
une dignité outrée, dissimulant mal sa colère.

— Ce soldat n'a rien volé.

— Ce soldat a volé, je l'ai vu. » (En même temps, il
montre son œil droit, l'air entendu. On ne le trompe
pas, lui!)

« Je lui ai donné cette boîte.

— Ah! tu la lui as donnée, c'est différent. »

Là-dessus, il tousse légèrement et croise les bras
avec suffisance; la scène n'est pas finie, elle commence
seulement.

« Pourquoi n'as-tu pas donné ces sardines à ton
boy?

— Parce que tout à l'heure, mon boy aura de la poule.

— Je le sais.

— Parce que ce matin encore, il a eu des sardines.

— C'est déjà oublié.

— Alors, quoi?

— Tu aurais dû dire à ton boy : donne ces sardines
au soldat.

— Et mon boy les aurait gardées pour lui.

— Tu comptes toujours tes boîtes, est-ce que ton
boy t'a déjà volé?

— Non, parce qu'il sait bien, qu'aussitôt ses fesses
connaîtraient la peau d'hippo. »

Sur ce, le boy amusé se met à rire, en frottant la
partie de sa personne, à laquelle je viens de faire allu-
sion. Alors, sérieux :

« Sois sans crainte, ton boy ne te voleras pas, c'est
un bon boy. Les effets, qui sont dans tes coffres, tu
les donneras à ton boy?

« — Mon boy, ces effets je les garde pour moi, j'en ai besoin.

— Tu en as trop. Enfin, *basi* (c'est bien), quand tu en seras fatigué, les donneras-tu à ton boy?

— Oui, *barsuli* (abruti), si je suis content de toi.

— Alors, moi aussi je suis content de toi; mais si tu donnais quelqu'objet de ces coffres, aux soldats, je te dirais, maître, choisis un autre boy, Lupande n'est plus ton boy, *basi* (c'est bien). Reste encore là, puisque tu y es bien, quand ta viande sera cuite, je t'appellerai. »

Mais, je m'aperçois, maintenant, que j'ai imité ces gens pressés, qui, lisant un roman, courent à la fin du volume, pour vite connaître le dénouement. Essayons de reprendre les faits, au point, où nous en étions, quand, dans mon étourderie, j'en ai brisé le fil.

Je suis assis sur un pliant, les pieds nus abandonnés au courant de l'eau, à côté de moi, un soldat est accroupi, attentif à ma pensée, il s'efforce de donner la réponse, qu'il suppose m'être agréable, partant, lui être profitable.

Telle est la mentalité de ces gens, ce soldat veut me plaire, pour en tirer profit; tantôt, sérieusement, je vais lui dégoiser : « Ta femme est la dernière des traînées, mon boy me l'a dit. » Il est persuadé que sa femme est un modèle de vertu, ou mieux encore, il n'a pas de femme du tout, il me répondra : « C'est vrai, maître, tout le monde le dit, c'est bien triste pour moi. *(Alors larmoyant, tendant la main.)* Donne-moi un *matabiche*. »

En revanche, s'il n'espère aucun bénéfice, s'il a fait avec d'autres une convention préalable, vous tâcherez en vain d'en tirer un renseignement. Il ignore, il ne comprend pas bien votre demande, ou bien, ce jour-là, il est extraordinairement sourd, il ne sait à quoi cela tient. Un nègre, harcelé de questions, donnera des signes d'inquiétude, cherchant où se cacher.

Les arabisés, qui sont plus civilisés, partant plus intelligents, aussi plus madrés, vous feront sentir, avec un air narquois, la contradiction de vos diverses demandes.

Maintenant, si vous ignorez la langue ou ne la possédez pas à fond, ajoutez à cela, les inexactitudes voulues ou non de l'interprète, et vous comprendrez aisément, combien peu sont concluantes, toutes les enquêtes menées jusqu'à ce jour.

Et dire, que c'est avec de tels témoignages, que l'on a accusé et condamné bien des gens.

Je dis au soldat :

« Je ne vois pas du tout, par où nous sommes descendus.

— C'est par là. (Il me montre une faille dans la roche. Pour rien au monde, je ne recommencerais la dégringolade de ce matin.)

— Il n'y a pas d'autre chemin?

— Il y en a un autre bien loin, en aval, c'est beaucoup plus long et moins agréable, il faut traverser des marais et des buissons d'épines.

— Les porteurs, par où sont ils venus?

— Ceux déjà arrivés ont pris le même chemin que nous. Echelonnés le long des gradins, ils se passaient les charges de mains en mains. Les autres ont fait le grand tour, avec l'autre blanc. »

C'est vrai, je ne vois pas encore ce brave Pajole,
tantôt il me précédait.

« Chut! nous allons rire, les femmes sont là! » dit
mon lascar tout réjoui, en se frottant les mains.
Depuis un moment, j'entendais caqueter, sans savoir
d'où cela venait.

Apparaît le chef de file, elle marche avec crânerie
et circonspection, c'est une femme, dont la charpente
est solide, la musculature puissante, quelque peu
empâtée par un léger embonpoint, ses traits sont
durs, ses yeux, d'un vert jaune, sont brouillés comme
les eaux du Moero, sa voix est rude, c'est la ménagère
des pagazi. Elle n'est pas mauvaise, mais son existence l'a été. Sa puissante nature pouvait seule résister à tant de fatigues et de vicissitudes.

La veille encore, je l'avais prise pour un homme,
demandant pourquoi, ce gros patapouf n'avait pas de
charge : « Ce n'est pas un homme, répartit mon boy
avec un petit air malicieux, c'est une femme. » Alors,
seulement, je remarquai les surfaces orbiculaires,
qui s'épanouissaient au bas de ses larges reins. Et le
souvenir de ces mots d'Anatole France me revint
aussitôt :

« La sphère inspire les méditations des géomètres
par le nombre de ses propriétés; quand elle procède
de la nature physique et vivante, elle en acquiert des
qualités nouvelles. »

Pour le moment, elle s'aventure avec une sage lenteur, s'accrochant aux aspérités; pour avoir plus de
liberté dans les mouvements, elle a relevé son pagne
bien haut sur les cuisses, et sans fausse honte aucune,
quand il y a nécessité, elle expose l'envers de son
visage à nos yeux peu charmés. Arrivée au dernier

palier, elle s'arrête hésitante, sondant des yeux la profondeur. D'un mot, d'un geste, elle immobilise les trois péronnelles, qui, là-haut, piaillent comme de jeunes folles, puis, avec une extrême prudence, elle se glisse sur l'étroite et fragile corniche, le corps plaqué au mur, comme ces morceaux de cuir mouillé, avec lesquels les gamins soulèvent des pavés; les doigts agrippés aux menues branches.

Arrivée au point où la roche s'effrite, sans barguigner un instant, elle rassemble ses membres trapus, puis, par une brusque détente de tous ses muscles, la voilà, vaste projectile, décrivant une trajectoire dont le point de chute, hélas! est le bord de la rivière. Ses vastes hémisphères viennent claquer la surface du liquide, qui gicle bien loin en crépitant, éclaboussant nos vêtements et nos visages.

Nullement décontenancée, elle se redresse tout d'un coup, puis sort ruisselante rejoindre les siens, la figure sévère, sans un regard pour nous, qui, sérieux, attentifs, avons suivi avec intérêt toutes les péripéties de cette descente scabreuse.

Là, on lui tend une énorme pipe, dont le vaste fourneau est bourré de tabac grésillant sous la flamme; avec ses lèvres, elle humecte d'abord le bout du tuyau qui a la forme d'une tétine; alors, fermant les yeux, pinçant les narines, elle aspire fortement, fortement et longtemps, longtemps, puis ayant remis le chibouque à un compagnon, par flocons successifs, elle se met à lancer de grosses volutes de vapeur bleuâtre. Enfin, sans plus s'occuper que l'eau dégoutte encore de son vêtement loqueteux, elle se met en devoir de préparer le repas de ses hommes.

Pendant ce temps, des soldats sont accourus pour aider... de leurs conseils, leurs épouses ou leurs ménagères.

Elles sont trois, venues avec nous du camp de Yumbi, la fatigue et le manque de confort durant ce long voyage, les ont émaciées et décaties.

En tête est la plus jeune, les côtes en saillie sur son corps desséché, ses membres menus sont serrés comme dans une gaine, enveloppée qu'elle est jusqu'aux mollets, dans un pagne qui n'a plus de couleur, ses mouvements sont paralysés. Avec des gestes que la peur rend maladroits, poussant de petits glous-sements, elle se laisse glisser dans un éboulis de pierre, s'arrêtant parfois à quelque saillie, pour se remettre en mouvement, sur des conseils envoyés de l'autre rive avec des tons aigus, des notes de tête. Au dernier gradin, elle reste là médusée, ne sachant plus que faire, tandis que de multiples avis, émis de toutes parts, achèvent de brouiller le peu d'entendement, qui subsiste encore dans cette petite cervelle complète-ment ahurie. S'abandonnant, raide comme un pieu, elle vient choir au milieu du courant, faisant pouf... et de multiples gerbes jaillissent tout autour et au-dessus d'elle, l'enveloppant toute entière. Deux lascars se sont lancés prestement dans la rivière, chacun la saisissant par un bras. Le groupe un instant est en-traîné dans le rapide, puis par une habile conversion, le trio aborde à un coude, et ces trois caniches noirs, frisés, riants et ruisselants, s'éloignent bras dessus bras dessous, avec une plaisanterie à notre adresse.

Les deux autres effrayées ont déjà fait demi-tour, l'âme en détresse, elles s'évertuent avec peine, à gravir la pente abrupte, tandis que deux soldats, courant, gesticulant, clamant des mots sonores, vont les quérir par l'autre passage.

Sur la côte, où nous campons, les eaux ont creusé et poli une petite terrasse, sur laquelle subsiste encore, une barraque construite par les gens de Ver-dick. Ce sera notre salle à manger, et aussi notre dor-toir. Les rochers nous protègent des vents, et nous aurons de l'air à suffisance.

Avant dans la soirée, bien enveloppés, bien couverts à cause de la grande fraîcheur, étendus dans nos fauteuils, nous restons silencieux, impressionnés par ce grand calme, que rien ne trouble. Les soldats, les porteurs sont muets. Les feux sont dissimulés dans les anfractuosités.

Devant nous, se dresse la muraille d'un blanc sale, à son pied, la rivière d'un noir opaque semble immobile ; à droite comme à gauche, un sombre fouillis d'arbres sans feuille ; au-dessus de nos têtes, une coupole d'acier bleui ; en dessous, des êtres flasques, filamenteux, s'étirent paresseusement, s'allongeant : tour à tour s'enroulant, ou se séparant avec des tressaillements angoissés.

Alors Dieu dit que la lumière soit.

Et la lumière fut.

Alors, la roche attendrie soupire profondément, abandonnant quelques menus cailloux, qui viennent choir dans la mare somnolente.

Dans la forêt entière court un long frémissement ; ses membres tordus et convulsés, noués depuis des siècles dans un enchevêtrement inextricable, resserrent leurs étreintes avec de petits craquements, puis, c'est le bruissement des feuilles sèches qui jongent le sol.

Alors la lumière pâle, en longs filets, perce de toutes parts le treillage serré, et les animaux filiformes tressaillent d'aise, devenus de vif-argent.

Maintenant, la lune est au zénith, la forêt est rentrée dans l'ombre, la muraille plus grise encore se tient plus à l'écart, la voûte d'acier est remontée bien haut. Tous les brillants dragons sont devenus de feu, couleur bleuâtre, s'agitant dans des mouvements ultra-rapides, avec de petits cris et des murmures d'allégresse, comme des êtres extra-terrestres, venus dans ces parages, remplissant la vallée de lumière et de vie, pour s'ébattre et s'ébaudir sur cette roche aux mille éclats micacés.

Que va-t-il advenir maintenant sur cette scène féerique : de folâtres sylphides, aux gazes transparentes, vont-elles descendre impondérables du haut de ces rochers? Ou bien, des profondeurs de la forêt obscure, va-t-il bondir une haute antilope, aux longues cornes rutilantes, incrustées de milliers de gemmes inconnues? Ou bien, du sombre rocher, va-t-il surgir un lion formidable, noir comme ceux de Numidie, ses yeux énormes, brillants comme des constellations; de ses puissants pectoraux, sortira un long et terrible rugissement, qui fera trembler les êtres angoissés?

En même temps, un léger frisson me secoue des pieds à la tête; Pajole, par sympathie, se met aussi à trembler de peur et de froid : « Je suis glacé », fait-il, claquant des dents, et il allume une cigarette, pour conjurer les esprits de la nuit.

Puis, pour ignorer son effroi, il veut s'embarquer dans une de ces interminables histoires, aussi lamentable que celle du fils Faes, de la chaussée d'Haecht : « Je t'en prie, mon cher, fis-je un peu nerveux, ne trouble pas mon profond recueillement. En ce moment, je fais mentalement, un calcul infinitésimal, tu m'entends... in-fi-ni-té-si-mal... »

Cette pyramidale déclaration obtient l'effet que j'en attendais : Pajole, réduit au silence, ouvre un large bec, à faire supposer qu'il va avaler la lune, comme un vulgaire pain à cacheter.

Encore une particularité, qui singularise ce remar-

-quable personnage d'avec le commun des mortels,
c'est qu'il n'ouvre la bouche que pour se taire, la fermant pour manger ou parler.

Un éléphant a traversé la trame de mes rêves. le
charme est rompu; la lune, désolée et quelque peu
scandalisée, s'apprête déjà à disparaître derrière la
montagne.

Alors, à mes yeux dessillés, apparaît la hideur des
choses : ce grand mur tout en grisaille n'est qu'un
massif agrégat de pierres croulantes, jamais il n'a dû
fermer l'entrée d'une immense et antique caverne.
La forêt magique n'est plus qu'un amas, sans vie,
de troncs et de branches difformes. Là-bas, sans une
ride, sans un mouvement, une mare d'eau trouble,
d'eau grasse, d'eau stagnante. Ici, de vulgaires
rigoles, de vrais cloaques de liquide visqueux. Tantôt
arriveront des chauves-souris énormes, ou plutôt de
ces grands vampires, comme j'en vis sur les hauts
plateaux. Mais ils ne viendront pas, ces animaux
immondes sont encore de la vie, et ici il n'y a rien,
rien, rien.

C'est l'antre de la mort, c'est-à-dire l'arrêt total de
tout mouvement, de tout changement, de toute trans-
formation.

« Allons-nous coucher, Pajole, il n'est pas bon de
rester dehors par ces nuits froides. »

Mais, Pajole ne répondit pas... Il dormait...

Jeudi 4 octobre. — Le brouillard estompe encore
toute la vallée, quand nous nous préparons à esca-
lader le chemin tors et déclive, que les averses ont
creusé dans la montagne. Ce sont d'abord des gradins

irréguliers, puis des rampes rocailleuses, que relient les courbes du sentier, qui se déroule en festons, suivant la crête des contreforts de la montagne. Le bois est clairsemé.

Tout ceci me rappelle les promenades d'antan, celles que nous faisions pendant les vacances, dans le bois de Kinkempois, abandonnant les sentiers, pour suivre le lit desséché des torrents.

Arrivés au sommet de la chaîne principale, pendant un assez long temps, nous en suivons le faîte. Ici, la sente est indiquée peu ou prou, je m'évertue à marcher dans les traces de ceux qui me précèdent : pour ne pas me perdre d'abord, mais encore et surtout, pour éviter d'aller dégringoler dans une de ces profondes excavations, ces immenses cuves que nous contournons, les laissant tantôt sur notre droite, tantôt sur notre gauche.

Comment mon gringalet de nyampara s'y retrouve, je me le demande; on ne voit pas à 15 mètres devant soi, et le chemin sinueux est semé d'obstacles, comme à plaisir.

Ah! le voilà justement immobilisé, perplexe; il a envoyé des éclaireurs dans plusieurs directions :

« On est perdu, quoi?

— Non, non, il y a de l'eau partout, je cherche un passage. »

La reconnaissance terminée, le nyampara et tout le monde à la file, s'engagent dans le sentier, à l'orée duquel, il s'est arrêté indécis. Tantôt, le passage se rétrécit, barré par de longues branches ou obstrué par de grosses souches; tantôt, c'est une clairière, où croupit une eau noire et grasse, des bulles fétides crèvent à sa surface.

Suivant la recommandation formelle de notre

guide, on ne peut s'écarter de la route, comment passer alors : patiner sur les bords déclives ou bien barboter dans la mare, comme le cochon de la fable, remuant de vieux fonds de pourriture, qui bientôt vont se répandre en effluves malodorantes. Déjà la colonne entière fleure, comme aspergée de jus de cadavres.

Un long cri a retenti derrière nous, cri aigu, cri de détresse : au mépris de la consigne, tenaillée par le besoin irrésistible de s'isoler, une femme de soldat est allée s'enlizer dans la vase gluante, que recouvre une fallacieuse végétation.

Un de ces pièges homicides, comme il en existe dans les bois d'Arlon, et aussi dans nos fagnes.

De sa puissante poigne, la grosse Margot est allée retirer l'imprudente de sa position fâcheuse, et tout en la morigénant avec douceur, elle la ramène sur le sentier des verts-tutus. *(Les pagnes en lambeaux, roulés hauts sur les cuisses pour la facilité de la marche, ont pris la teinte foncée des verdures putréfiées.)*

Nous arrivons en un point, où la route a été élargie et creusée en une cuve immense, dans laquelle, depuis longtemps, mijote un spartiate brouet bien dense ; les bords foulés et pétris par les pieds humides des porteurs, sont devenus impraticables. Je monte sur un tertre : devant comme derrière moi, se déroule une immense plaine, où les végétaux, couleur de rouille, alternent avec ceux d'un vert-bleu ; c'est le pori.

Le nyampara, accouru, m'engage vivement à descendre de mon point culminant ; au pied même de la butte, est un gouffre profond que les plantes dissimulent, le chemin est seul possible.

Il n'y a pas d'autres solutions : délibérément, mettre les pieds dans la marmite, ou bien m'efforcer de côtoyer la rive incurvée.

Un soldat vigoureux me tend la main, m'invitant à faire en sa compagnie, le voyage circulaire. Et nous voilà engagés sur la pente dangereuse, l'un soutenant l'autre, nous avons l'air de deux gosses, qui risquent leurs premiers pas. Cela va couci-couci, un peu de patience, et nous aurons franchi l'obstacle ; malheureusement, mon noir compagnon met le pied dans un trou, déjà d'autres y ont failli, on le lui signalait, mais, en moins de temps qu'on ne pourrait l'imaginer, il a roulé en plein dans la mare ; heureusement que malgré sa hâte, il a abandonné ma main.

Par des efforts inouïs d'acrobatie, je parviens à rétablir mon équilibre fortement compromis.

Le noir brouet est assez profond, et mon homme, qui a entièrement disparu, tarde à reparaître à nos yeux, qui déjà s'inquiètent. Enfin, une masse visqueuse vient s'agiter à la surface. Avec peine, le soldat se redresse, piteux, calamiteux, marmiteux *(ce qualificatif est bien de circonstance)*, la bouche, les yeux, les narines empoissés de cette gélatine fétide ; toussant, crachant, dégoûté, il s'accroche désespérément à une perche, qu'on lui tend. C'est avec cet adjuvant, que, semblable à une grosse mouche engluée, il parvient à sortir de la profondeur de ce plat, dans lequel, il aurait dû se contenter de mettre les pieds. Alors, le nyampara se met à le bouchonner vigoureusement. Quant à moi, appuyé sur un long et solide bâton, ne posant le pied qu'à bon escient, aux points indiqués, je me tire tout doucement d'affaire. Sur la terre ferme, je pousse un grand houf!!! de pleine satisfaction, car j'ai craint, un instant, de me voir aussi, subitement métamorphosé en rainette.

Nous entrons alors sous le bois, ici le chemin est aisé et sans embûche. Nous atteignons la lisière, sans accroc.

Devant nous, s'étend une longue plaine légèrement valonnée, le sol gras et humide est surchauffé par les rayons torrides; il se dégage, en abondance, une vapeur chaude, d'une odeur forte et pénétrante. On dirait que la terre est en suée, semblable à une personne trop plantureuse.

Des plantes variées y poussent à l'envi.

Ici, le chemin bifurque : une étroite sente, à peine perceptible, conduit à un groupe de coquets chimbèques, disposés en amphithéâtre sur le flanc du coteau. J'emboîte le pas à la callipyge d'ébène, qui, avec deux pagazi, a pris cette direction. D'après les renseignements donnés par Waverley, ce doit être là ce village, où des gens à sa solde cultivent la pomme de terre et le tabac. Du tabac, il y en a à profusion, il est très haut, il a monté en fleurs; il y a aussi du chanvre, à la fleurette bleue (l'opium du nègre).

On voit beaucoup d'autres plantes encore, surtout le liseron et le chèvrefeuille. Des sentiers sont tracés parallèles, d'autres les recoupent, faisant un treillis de ce parterre fleuri.

Les trois Chamistes s'empressent de faire une abondante récolte de tabac, et même aussi de chanvre. Comme je m'informe auprès d'eux, où sont les habitants :

« Les gens d'ici sont mes parents, répond Mme Dufessier, ce sont des porteurs comme nous, ils sont en route depuis longtemps.

— Il y a des pommes de terre, là-bas?

— Je n'en sais rien, je n'en vois pas.

— Ni moi non plus, du reste.

— Maintenant que nous avons du tabac, nous n'allons pas croupir en cet endroit. Venez avec nous, dans ces fourrés, il y a des fauves et pas mal de serpents. Si c'est du tabac qu'il vous faut, prenez du mien. »

Comme je n'ai aucun motif, pour m'éterniser en ces

parages, je lui fais signe que j'acquiesce, et je me
mets à suivre le conseil et la mascotte... Oh! pardon,
la mastoc.

Je croise Pajole, qui déjà accourait joyeux; son
contentement se change en dépit, quand il voit que je
reviens bredouille, pas de pommes de terre. Il per-
siste à vouloir chercher quand même : « Allons,
allons, mon ami, pas de bêtise, tu ne trouveras rien;
si tu vois la plante, c'est qu'il n'y a pas encore de
tubercules; s'il y a des tubercules, va-t'en les trouver
dans ce fouillis de verdure, avec tes mains en guise
de pelle.

Nous atteignons la M'Kua, large ici d'environ
8 mètres, encaissée entre de hautes berges, des
rampes parallèles au fil de l'eau, conduisent au lit
que l'on traverse à sec, posant les pieds sur de gros
galets assez rapprochés.

En face de nous, le versant de la montagne est
formé d'une succession de murs ou de gradins, avec
de-ci de-là des plates-formes, et aussi des rampes, et
de profondes excavations. Jetés là comme par paquets,
se dressent des groupes d'arbres et des taillis; sans
aucun doute, ils viennent du sommet, après avoir été
entraînés par les averses et les tornades.

Depuis deux jours, le nyampara est agité d'un
mouvement perpétuel : sa carabine à la main, il va et
vient, voit tout, s'occupe de tout.

Il a fait dresser nos deux tentes sur une grande
terrasse, veillant à ce que les montants soient bien
enfoncés, que les cordes soient bien fixées par les
piquets, qu'il cloue lui-même, ou reliées à de grosses

souches. Les porteurs forment un seul groupe, dans une excavation au-dessus de nous; les soldats sont plus bas, près de la rivière; le chemin est laissé libre.

Les péronnelles, que sont les femmes des soldats, s'y étaient déjà installées; impossible de les faire déguerpir, pour la seule raison qu'un bassengi *(indigène)* le leur défendait; alors intervint le caporal, avec un ton péremptoire.

Au crépuscule, je m'écarte grave, préoccupé, cherchant la solitude, prévenu de cet acte téméraire par les cris et les gestes des porteurs, le nyampara accourt bouleversé : c'est formel, personne ne peut s'éloigner. Je lui parle de mon ventre, de ses exigences; haussant les épaules avec dédain, il montre le pied d'un arbre, il restera à proximité; en même temps, accourent deux soldats avec leurs albinis, ils entendent participer à ce service.

Tant de témoins, pour une opération qui veut la solitude, ne laissent pas de troubler mes facultés; aussi, je m'en vais sans rien produire; triste, morose, je regagne ma tente, songeant à ce tonitruant personnage de Zola, dont un nombreux public excitait la verve.

Le matin du vendredi 5, un concert épouvantable vient m'arracher aux douceurs du sommeil : c'est un charivari, un hourvari, une vraie musique d'enfer, de puissantes clameurs poussées sur des tons les plus aigus, avec accompagnement d'instruments des plus variés, parmi lesquels mes coffres, mes casseroles et autres objets entrent pour une bonne part. Armée de deux couvercles, Mme Dufessier joue la partie des cymbales avec une énergie héroïque; le boy de Pajole, la bouche torse, les yeux révulsés, gueule des

choses incohérentes, tandis qu'avec une ardeur frénétique, il frappe d'un gros cailloux notre seule bouil-
loire encore utilisable...

Les tentes sont roulées, les tables, les chaises
repliées, les porteurs sont debout près de leurs
charges, les femmes près de leurs pots de terre, personne ne part.

Baruti fait une battue aux alentours, avec des soldats armés, et des porteurs de torches poussant de
fréquentes clameurs.

On n'a rien vu. L'on se met en route, en un seul
groupe. Ceux, qui d'ordinaire prennent les devants.
ralentissent leur allure, les femmes, toujours loin en
arrière, restent dans la colonne, et les torches flam-
bent tant qu'on est sous bois, et que le soleil ne
chauffe pas encore.

Chemin faisant, Baruti m'explique que l'endroit, où
nous avons passé la nuit, est très mal famé, fréquenté
qu'il est, par un public des plus mêlés. Cette nuit, nous
avons eu une visite équivoque : je n'ai rien vu, personne n'a rien vu, mais tous ont entendu des froissements de brindilles et de feuilles sèches, des éboulis
de pierrailles, puis une chute lourde dans la rivière.
Est-ce une antilope? Est-ce un lion?

Par ce temps de sécheresse, les animaux ne trouvent
à se désaltérer que dans les cours d'eau. Ils viennent
de préférence après le coucher du soleil, les lions
aux mêmes endroits, suivant le même itinéraire,
généralement le lit desséché d'un torrent. Voilà
pourquoi cette nuit, le passage devait rester libre,
il était surveillé à distance. Le lion, plus prudent
que curieux, ne s'écartera pas du chemin tracé, mais
on ne doit pas lui faire obstacle.

« Le village où nous allons est aussi mal fréquenté.

— Il y a des maisons?

— Elles sont toutes mauvaises. »

Maintenant, que nous avons abandonné le bois,
nous suivons l'autre versant de la montagne, celui qui
regarde le lac. Nous foulons le dos arrondi d'un contrefort s'allongeant parallèle à la rive. Par moment,
il se rapproche pour plonger sa base dans les eaux
verdâtres; d'autres fois, il s'éloigne découvrant une
grève : tantôt étroite et déclive, tantôt plane et de
grande étendue. Dans les fonds, stagnent des mares
envahies par les plantes paludéennes; on rencontre
aussi des boquetaux et des fouillis de buissons.

« Tout cela, ce sont des repaires à fauves, fait
Baruti, étendant la main. Ici, j'ai tué un lion, et un
autre aussi, dans le village où nous allons.

— C'est dangereux, cette chasse?

— Peuh! il faut être prudent, et ouvrir l'œil. Quand
un lion est signalé, il faut bien étudier ses habitudes;
savoir s'il est solitaire. S'il a une famille, il faut être
plusieurs aussi, tendre des pièges, dans lesquels les
jeunes se font prendre. On tue alors, assez aisément,
les père et mère, qui, dans la préoccupation de délivrer leurs progénitures, oublient de se garder euxmêmes. Si le lion est seul, je préfère aussi être seul.
Je me couche ainsi sur le rocher, sans quitter des
yeux le fourré, où le fauve s'abrite des ardeurs du
soleil. Au crépuscule, poussé par la soif, il abandonne
sa retraite pour venir se désaltérer au lac. Alors je
vise longtemps... et pouf !

— Si vous le manquez?

— Il s'enfuit, et pendant un long temps ne reviendra plus là S'il est blessé, ou s'il n'a pas d'issue, il se retourne, je l'attends ; au moment où il se prépare à bondir, je lui darde ma lance, tandis qu'il s'efforce d'arracher le fer barbelé qui lui déchire les chairs, je le vise à l'œil. »

Waverley m'expliquait : en plaine, c'est la seule façon possible de chasser, mais alors la peau est toujours abîmée.

Faisant un crochet, nous atteignons une haute plate-forme, dont le pied plonge bien avant dans le lac. Des femmes et des hommes très affairés, édifient des maisons en bois. L'un d'eux, qui me parait jouir de quelque autorité dans cette fourmilière, vient me saluer, disant qu'il est au service du blanc : en même temps, il fait hisser au haut du mât, le pavillon bleu étoilé de jaune. Ce sont des soldats venus de Lukafu, pour installer un poste de douane. Me méprenant, je les prends pour des travailleurs du Comité du Katanga ; peu de jours après, du reste, on commença la construction du poste, Lukonzolva, au sud de la Mission du révérend C... Ensuite, je suis pressé d'atteindre le village de Mobanga, que je crois encore éloigné.

Un escalier en limaçon, taillé dans le roc, nous amène à la plage, que nous suivons quelque temps, avant d'atteindre les premières maisons. Celles-ci forment un groupe, où habitent les seuls habitants de l'endroit : le chef et sa famille. Les autres, assez distantes les unes des autres, échelonnées le long de la plage, sont dans un état de délabrement tel, qu'elles ne sont plus habitables. Les toits sont passables, mais

il y a de grandes brèches dans les murailles; les baies
des portes et des fenêtres sont complètement dété-
riorées. Plusieurs sont déshonorées par les déjections
immondes des hippos, ou les crottes sèches des fauves.

Plus loin, la plage s'étend basse, longue, infinie, là,
stagne une eau grasse, formant des lagunes, des
mares, des flaques. C'est une boue éternelle, sur
laquelle pousse toute la flore paludéenne, des herbes
gladifères, des buissons de ronce. D'étroits sentiers
sinueux donnent accès au lac.

Quelques-uns des soldats sont restés à la nouvelle
station, chez des gens de même race. Les autres, avec
les deux femmes, cherchent à se caser; les porteurs

se sont réunis dans la première masure, à proximité du chef, tandis qu'assez imprudemment, j'ai fait dresser nos tentes loin des habitations, laissant entre elles une distance assez grande.

Les soldats, ne trouvant rien à leur convenance dans ces baraques en ruine, vont s'installer dans une clairière, que traverse le sentier que nous devons suivre demain. Leurs feux sont déjà allumés, quand Mobanda vient m'avertir du danger que courent mes lascars, en gîtant là. Escorté du chef et de Baruti, je vais leur remontrer leur imprudence, leur conseillant de s'installer dans la demeure que j'avais d'abord choisie pour moi. Les soldats acquiescent dociles, les femmes en rechignant: dans la soirée, ils seront à leur primitif emplacement.

J'envoie les boys prendre de l'eau du lac, ne voulant pas de ce liquide verdâtre puisé au marais; le chef lève au ciel ses longs bras amaigris, pour le prendre à témoin d'une telle témérité; il appelle deux jeunes gaillards, qui arrivent armés de lances, ils vont explorer le fouillis de verdure, suivis des boys coiffés de leurs dames-jeannes, Baruti et sa carabine fermant le cortège.

Dès le crépuscule, ces gens ne s'aventurent plus que par groupes, les hommes appuyés sur leurs lances, tels des Wotan, des Siegmund.

Comment ces pauvres hères parviennent-ils à subsister au milieu de cette désolation : ils ont quelques plantations là-haut, derrière la montagne, ils gardent du poisson dans les étangs; quelquefois, ils prennent une antilope au lacs. Jadis, le village était riche et prospère, comme le témoignent les anciennes constructions. La variole a décimé la population, qu'est venue traquer ensuite, une famille de lions, leur

enlevant cette année encore : deux jeunes filles, un
petit garçon et un malade ; les habitants affolés se
sont réfugiés chez C.... Mobanda ne peut quitter ce
coin de terre, dont il est le chef. Avec l'aide des
soldats perchés là-haut, il se fait fort de reconstituer
son village, si on lui ramène ses émigrés. Ce gaillard,
avec raison, tient à rester le maître chez lui, c'est, du
reste, un grand bien pour l'Etat, d'avoir des villages
espacés sur toute son étendue, plutôt que de grandes
agglomérations en certains points, le restant du
pays étant désert.

Le lendemain, après l'escalade de quelques gradins, nous suivons un sentier, une incurvation
légère dans le faîte d'un contrefort dodu, tel le sinus
des grasses épaules des puissants modèles de Rubens.

La sente est recouverte d'un gazon fin et court, tel
un épais duvet, tandis que les croupes sont pelées.
Tout le long, les fauves ont déposé les résidus de
leurs digestions. Les recoins de certaines roches
sont de vrais charniers, où, les os lourds et massifs
des hippos sont pêle-mêle avec ceux longs et graciles
des antilopes. Parfois, sur un tapis moussu d'un
vert rouillé, éclate la blancheur d'un squelette entier
d'un hippo ou d'une antilope.

Des milliers et des milliers d'ouvriers ont passé
par là, afin de parachever la préparation d'une telle
pièce anatomique.

Après les éminences de la faculté : lions, hyènes,
chacals, sont venus les humbles rats, puis les papil-
lons géants, les énormes coléoptères, aussi les
mouches, les vers, les mille-pattes, enfin et pour
finir : des milliers, des millions de fourmis de

toutes couleurs, de toutes grandeurs. Toujours pressées, elles accourent on ne sait d'où, couvrant le sol de longues traînées noires ou fauves, dévorant tout sur leur passage, y compris les mouches, cancrelas et autres insectes, qui, gavés de nourriture, se sont endormis sur le lieu du festin. Quand les hordes auront disparu, il ne restera que le squelette proprement nettoyé, que le soleil ardent va bientôt calciner et blanchir, avec l'aide d'une atmosphère surchargée de vapeur. A la longue, les éléments réduiront les os en une fine poussière, qui sera dispersée aux quatre vents, pour les besoins d'une végétation anémiée.

Une rampe en hélice nous rapproche du lac. Ici la végétation est puissante et dense. Nous pénétrons dans une drève longue de 2 kilomètres au moins, large de 10 mètres. Des arbres de haute stature, tels nos hêtres, rejoignent leurs têtes dans une éternelle accolade, formant bien haut, au-dessus de nous, une voûte ogivale : on se croirait minuscules lilliputiens, engagés dans la nef interminable, d'une antique cathédrale de géants préhistoriques. Entre les massifs piliers, sont des arbres moins élevés, placés là comme des girandoles. Puis, c'est un enchevêtrement sans pareil de hauts joncs, de taillis, sur les branches desquelles on a tressé serré des lianes et des liserons.

Jamais un rayon de lumière ne perce cette muraille vive. Le sol tourbeux est recouvert d'un tapis moelleux de mousse rouillée. Le long des accotements, surgissent de nombreux tertres : amoncellements des crottins cubiques des éléphants; aussi nombreux à gauche, sont les amas des bouses flasques des hippos; de ce côté aussi sont de profondes excavations aux parois fangeuses, les pachydermes y ont laissé les empreintes de leurs grosses griffes. Un peu partout, sont les tas secs, blanchâtres des carnassiers de toutes espèces, ainsi que les caramels brillants des antilopes. C'est à n'en pas douter, le dépotoir de toutes les bêtes du Moero.

Mornes, graves, pavides, les porteurs en une file serrée suivent le milieu de l'allée, sans un cri, sans un mot, à peine un signe parfois, comme si la sombre majesté du lieu les impressionne d'étrange façon.

La carabine au poing, les nerfs tendus, Baruti remue, rapide, dans tous les sens, son petit museau de rat.

Mon boy, qui imprudemment s'est approché des arbres, pousse un cri d'effroi : un grand serpent a abandonné là sa peau, tel un monsieur distrait, oubliant son pardessus à la patère d'un restaurant.

On respire avec peine, un air jamais renouvelé, et constamment vicié par des putréfactions animales ou végétales.

Mais, voilà que la voûte moins épaisse et les murailles plus minces se lézardent, puis s'ébrèchent, les rayons célestes viennent vivifier nos sens, ramenant le calme et la tranquillité dans nos cœurs, qui, par moment, battaient à rompre leurs parois.

Enfin, débouchant de là comme d'un obscur tunnel, je m'arrête hésitant, mes yeux déshabitués de la lumière, sont blessés par la clarté trop vive.

J'aspire profondément, un air pur et frais. Devant nous, est une immense plaine gazonnée, légèrement déclive vers le lac, qui, glauque et étale, la prolonge de ce côté; tandis que sur la droite, c'est une succession de croupes pelées et de murs de rochers. De-ci de-là, quelques gibbosités, pas un arbre, pas un arbuste. Un chemin bien capitonné déroule son ruban orangé.

Après un léger relief, qui nous cachait le paysage, nos gens se sont arrêtés attentifs, les yeux rivés sur un groupe d'animaux gracieux, d'un brun chaud, qui se livrent à de folâtres ébats sur le bord de l'onde : leurs jeux les absorbent, au point qu'ils paraissent nous ignorer.

Un bruit imperceptible, un zéphire emportant nos effluves, un des vieux de la bande a redressé la tête. Aussitôt, jeunes et vieux, mâles et femelles, sont venus se grouper autour de lui. Ce sont de splendides antilopes, il en est de hautes comme des mules, les jeunes ont la taille de la chèvre. Puis, comme à un commandement, voilà que cette troupe se met à nous charger avec l'entrain et la furie de l'intrépide sotnia, les longues cornes acérées menaçant comme des dards. Les grandes galopent rapides comme le vent, ou bien pointent, faisant des bonds formidables; tandis que les jeunes exécutent avec une prestesse, une agilité sans pareille, les plus folles cabrioles qui les écartent un peu du gros, mais, par un autre saut, elles reprennent vite le contact. Cette charge est merveilleuse, dans le silence profond, le sol moelleux ne résonnant pas au bruit des sabots. Je crains un instant, que, poussée à fond, elle vienne nous culbuter comme de vulgaires quilles, nous fouler peut-être, endommageant nos académies. Du regard, j'interroge mes Likwangulas, qui, souriant, montrent leurs albinis, esquissant le geste de se coucher à plat.

Notre immobilité impressionne ces animaux plus

qu'aucune démonstration; à 200 mètres, ils s'arrêtent, nous contemplant d'un œil candide et intéressé.

Déjà, nos quatre soldats sont partis (ventre à terre), se glissant dans les herbes avec des contorsions reptiliennes, ils veulent s'approcher du but, et tirer à coup sûr. Malheureusement, le vent est arrière, après une légère brise, les ruminants ont tourné la tête, reniflant avec inquiétude, puis c'est une débandade générale.

Les voilà tous galopant, les uns dans un sens, les autres dans l'autre, décrivant un grand cercle, dont nous sommes le centre, pour filer par la tangente, gagner les croupes rocheuses, et disparaître à nos regards, suivis des jeunes soldats qui les talonnent d'un pied léger.

Pas un coup de feu n'est parti.

Une demi-heure ne s'est pas écoulée, que voici revenues les antilopes, elles se tiennent encore groupées à 200 mètres, sur notre gauche; il y a bien quelques manquants, mais nos soldats non plus ne sont pas rentrés.

Ces animaux nous examinent avec une curiosité amusée : les gestes, les cris, rien ne trouble leur quiétude. Je lance un chiffon blanc lesté d'une motte de terre, c'est à peine si un des mâles daigne tourner la tête, pour voir la direction de mon projectile. Comme nous nous éloignons, ne possédant aucune arme, le troupeau longtemps nous suit des yeux.

Le soleil est haut déjà, quand nous atteignons le poste que les indigènes appellent Mollinga, du nom d'une petite localité voisine.

Comme je l'ai dit (voir : *Sur les hauteurs du Katanga*), le poste a été fondé par le commandant D..., pour arrêter les incursions du fameux Simba, seigneur de l'île, portant son nom. Dans cette intention, il avait construit sur la rive, un mur en moellons, dont il reste encore des vestiges.

Maintenant, de même qu'à M'Pweto, on a dressé tout autour, des palissades de madriers, pour empêcher les incursions des maraudeurs nocturnes.

Ici, la chaîne montagneuse s'incurve, semblable à un immense cornet de papier que l'on aurait déroulé, puis elle projette dans le lac, un éperon, qui fait penser à un colossal mégalosaure se baignant dans les eaux saumâtres. Au milieu du versant, on a taillé une plate-forme, sur laquelle se dresse la plus ancienne des deux habitations. Plus haut, des corniches tracées en arcs de cercle sont plantées d'arbres fruitiers, d'espèces variées. De-ci de-là, de petites rampes ou des escaliers.

La maison est du type généralement adopté par nos premiers Africains, celui employé aussi par les Arabes, c'est en somme, le modèle de tous nos corps de garde. On gravit une ou deux marche pour arriver à une galerie, aux extrémités : deux pièces avec chacune une porte ouvrant sur la galerie, et une ou deux fenêtres. La charpente est faite de madriers équarris à l'erminette, assemblés à mi-bois. Les murs sont de briques séchées au soleil, on leur donne un nom espagnol *(adobe)*.

Le toit, à pente peu sensible, est recouvert d'un mélange de terre et d'herbes séchées.

L'autre construction, de date récente, est plus que curieuse, elle est typique, unique au Congo, sinon en Afrique. L'architecte Vrydag, je pense, a eu des réminiscences du château de Bouillon.

Avec patience, à la pique, on a entaillé la carapace rocheuse qui s'avance dans le lac, de façon à ménager une succession de plans reliés par des **gradins**. Sur la roche laissée intacte, on a cimenté des murailles en moellons : en dessous, très épaisses, 1^m5o, au moins; au-dessus, 4o centimètres, seulement. Les cloisons intérieures sont en briques *(adobe)*.

L'entrée fait face au lac, c'est une large baie clôturée par une porte épaisse, le cintre restant ouvert. La première pièce, qui fait office de salle à manger et de cabinet de travail, reçoit encore le jour d'une fenêtre à volets. A l'extérieur, elle est à 2^m5o du sol, tandis qu'elle n'est qu'à 1^m5o du parquet intérieur. De là, on jouit du magnifique spectacle du lac et de la montagne.

On accède à la seconde pièce par une large baie cintrée, en montant trois degrés; une seconde baie, cintrée de même, ornée d'une balustrade comme les balcons, sert de fenêtre. Tout à fait à l'arrière, est un réduit très large et peu profond, on y pénètre par une petite porte dérobée, s'ouvrant de l'extérieur : c'est la pharmacie.

Au sud et en dehors de l'enclos, sont, le camp des vingt-cinq soldats et le légumier de l'ancien chef de poste. Le légumier, parlons-en : à cause de notre présence, quatre puissantes commères, des colosses, les travailleuses de la station, sont occupées, avec un zèle étonnant, à asperger, à grand renfort de pots d'eau, des tiges de choux, qui, laissées en terre depuis un temps infini, sont devenues grosses comme le bras. Des radis roses sont comme le poing, malheureusement, ils sont vides et spongieux.

A première vue, par ce jour serein, la station inondée de lumière a réellement bel aspect, et l'air tout à

fait réjouissant. Mais, quand le soleil déjà haut, se met à darder sur la roche incurvée, qu'il ne court plus aucune brise sur le lac, la chaleur devient intolérable.

Un banc de sable d'un jaune clair, presque à fleur d'eau, unit la première île à la côte. Le sergent Ibrahim, commandant le poste, me déclare que la profondeur est plus grande qu'il n'y paraît. L'île est inhabitée, il n'y a plus là que des marais et des terres incultes. L'eau étant plus sapide au large, c'est avec son albini qu'il s'éloigne en pirogue, avec deux indigènes armés de lances, pourchassés par les hippos, aux hâons-hâons retentissants.

Le gibier, surtout les antilopes, abonde dans la région; malheureusement, nombreux aussi sont les fauves. Ces jours-ci, ils n'ont cessé de rôder autour de la station; c'est même, pour éviter que les chèvres, confiées à leur garde, ne tombent sous la griffe des carnassiers, que les intrépides soldats de la garnison, l'âme chavirée, se sont décidés à les manger eux-mêmes.

Pour l'heure, il faudra bien nous contenter du pot d'eau plus ou moins fraîche, et des bananes, que le suffisant Ibrahim apporte avec ostentation.

Comme je lui demande si c'est à boire de l'eau, à manger des bananes, que les jardinières sont devenues si plantureuses, il me répond avec gaîté :

« Ces femmes ne travaillent guère et boivent beaucoup de pombé. A la soirée, les indigènes vous apporteront du poisson. »

Quand le soleil a presque révolu sa course diurne, les indigènes, à la file derrière les capitas, arrivent porteurs de grands paniers *(des treillis de longues*

bandes, coupées dans les feuilles sèches des bana-
niers), qui éclatent, bondés de plaquettes saures : des
poissons fumés, ou bien de poissons séchés, semblables à des feuilles de carton gondolé; d'autres ont
toute leur charge, d'une silure géante, le flanc sai-
gnant d'une horrible blessure : un coup de la fourche,
dont le pêcheur est encore armé.

Toutes ces victuailles sont amoncelées en des tas
bien distincts, les capitas veillant à ce qu'il n'y ait
pas d'erreur possible, lors du paiement.

Maintenant, il y en a des quantités, et l'on en
apporte toujours. *Mon boy déjà, se forge une félicité,*
qui le fait pleurer de tendresse.

« Ce n'est pas tout, me dit un chef, ce poisson-ci a
été pêché au sud, dans les herbes. On va en apporter
de là-bas, de l'autre côté du banc de sable, il est
plus délicat, préférable pour le blanc. »

En effet, peu après, le défilé recommence : ce sont
des soles énormes, des carpes ventrues.

Que faire de tout cela, il y a de quoi nourrir la
foule, qui accompagnait Jésus de Nazareth dans le
désert.

« Donnez, donnez, fait Ibrahim, il n'y a jamais
trop pour les soldats et les pagazi. » Il disait *basengi*
(sauvages).

Que de poissons! que de poissons! C'est une véritable industrie organisée par les chefs et les capitas.

Ces gens robustes, de taille svelte, n'hésitent pas à
s'embarquer, tant de jour que de nuit, sur de frêles
pirogues, un simple tronc d'arbre, que l'on a creusé.
Les uns sont armés de lances ou de fourches, le chef
seul porte une carabine, les autres laissent traîner le
filet. De jeunes gars sont emmenés, pour déjà être
initiés au métier. Ils rendent des services : vidant le

poisson; la nuit, entretenant le feu de brindilles, à l'avant du bateau.

A terre, les femmes et les impotents font les manipulations.

Pour fumer le poisson, on l'étend sur des claies, au-dessus d'un feu d'herbes et de feuilles, qui couve jours et nuits. Pour être séché, il est exposé au grand air, après avoir été, au préalable, enduit des cendrées obtenues par la calcination de plantes riches en potasse.

Ces marchandises sont transportées jusque dans les colonies anglaises, pour être échangées contre d'autres produits.

Les gens d'ici n'ont pas de grands besoins. Comme vêtement, ils n'ont qu'un petit pagne, fait d'une étoffe fabriquée en macérant et malaxant l'écorce d'un certain arbre.

Assis au bord du lac, nous savourons le bien-être de la vie. Le soleil disparaît, rougeoyant, couvrant d'or la blancheur des rochers. Aussitôt, une brise légère agite les feuilles, courbant les hautes herbes. Lentement, semblable à un disque énorme, rutilant, émerge l'astre des nuits, trouant la plaine liquide, la teignant de pourpre.

Plongés dans le ravissement, nous suivons des yeux, Phébé gagnant les sphères éthérées, pâlissant, émue de sa course ultra-rapide, quand, tout à coup, nous apercevons, glissant, roulant sur la surface des eaux, avec d'horripilants bourdonnements, de noirs essaims, de vrais nuages de moustiques, qui bientôt nous enveloppent, tourbillonnant.

Nous luttons avec la dernière énergie, les chassant
de nos mouchoirs, agitant les deux bras à la fois,
mais ils reviennent à la charge, toujours plus nombreux, plantant partout leurs dards semblables à des
aiguilles; ardant nos fronts, nos cous, nos mains,
puis même, nos pieds à la place des œillets des chaus-
sures; enfin, nos bras, nos jambes, nos dos, malgré
nos vêtements; puis pour finir, nos pauvres der-
rières ratatinés, à travers l'épaisse toile de nos
sièges. Nous sommes vaincus, battant en retraite,
nous allons nous réfugier dans le château de pierre,
dont nous fermons vivement la porte, dès que les
boys ont servi la collation du soir.

Enfin, nous voilà seuls, et nous voilà chez nous.

« On peut respirer, fis-je avec conviction.

— Je commence à transpirer, dit Pajole avec componction.

— Il n'est donc pas de plaisir sans peine, sur cette
terre d'Afrique. Transpirer n'est pas mauvais, Pajole,
cela dissipe la fièvre et les mauvais souvenirs; mais
j'ai les moustiques en horreur. Le crissement de leurs
ailes m'agace et m'énerve. »

Cependant, notre refuge devient obscur infiniment,
il faudra bien faire de la lumière, histoire de donner
un peu de clarté à nos pensées.

Une bougie est fixée loin de la table, tout en haut
de la balustrade; ce malheureux luminaire causa notre
perte; attirant nos ennemis par le cintre béant de la
porte, c'est par bandes qu'ils accourent. Les premiers,
les plus audacieux, comme toujours, se brûlent les
ailes, mais il en arrive toujours et encore, avec leurs
bruyants froissements d'ailes; et c'est maintenant, un
vrai régal pour ces affamés, que nos chaires rendues
plus tendres par la sudation.

Enfin, il faut nous retirer sur notre dernière position. Pajole, me priant le bonsoir, s'en va dormir dans l'ancienne demeure, tandis que je vais chercher le repos dans la place d'arrière. Mes boys ont préparé mon lit, sur le châlit qui y est fixé à demeure.

Sauvé, mon Dieu ! Je suis sauvé.

Que l'on est bien, que l'on est à l'aise, quand on a de l'espace, pour s'étendre en long et en large. Comme matelas : une simple couverture, tendue sur un treillis élastique de lanières en peau de chèvre, c'est frais et moelleux à la fois. Et ce baldaquin, sur lequel on a suspendu bien haut la moustiquaire, la déployant dans toute son ampleur, au moins on n'étouffe pas là-dedans.

Je ne dors pas, mais je suis très bien ; je médite tout en me reposant. La clarté de la lune entre un peu partout : filtrant par les jointures des volets, de la porte, à profusion par le cintre béant, mettant en relief les objets éclairés, renforçant les ombres des coins.

C'est joli ceci, il n'y a pas à dire.

Il est vaste ce lit, mes grandes couvertures n'en couvrent pas la surface : il y a de l'air à la tête, au pied et sur les côtés. C'est étonnant, il n'y a pas de moustiques, Pajole les aura entraînés à sa suite, avec la lanterne.

Paf ! en voilà un cependant ; maintenant, il n'est plus. Paf ! un autre, un autre encore. Vlan ! et vlan ! et vlan ! décidément, les voilà revenus, et il en vient toujours, et encore, quel bourdonnement ! c'est agaçant ! et quelle chaleur ! Me voilà sur mon séant, pour mieux me défendre. Aïe ! à présent, ils me lardent les gigots, à travers les couvertures ; qu'ont-ils donc pour des dards, ces insectes que l'enfer a créés? des aiguilles? des lancettes? des espadons du diable? Zi... zi... zi... décidément, ils sont enragés, ces violoneux du sabbat! Ce qu'ils me font suer! Enfin, j'ouvre la gaze bien au large; puisqu'ils savent entrer, ils pourront aussi sortir, et puis j'aurai de l'air, au moins.

Bê... bê... bê... ah bien! voilà une autre guitare, à présent. Hier, dans la soirée, on m'a apporté un tout jeune chevreau, je l'ai confié aux boys; ces messieurs, ennuyés d'entendre ces appels continus vers les pis maternels, n'ont rien imaginé de mieux, que de l'attacher ici près. La solitude et ce grand œil, qui le fixe là-haut dans le firmament, ne font qu'accroître sa peur, et redoubler ses bêlements.

Un vieil hippo, immense pachyderme qui, philosophique, pionçait dans une tiède excavation, voit ainsi troubler sa quiétude, et son mécontentement se manifeste par des groguements sonores et prolongés.

Contre le mur, on bâille bruyamment; est-ce que je rêve ou suis-je bien éveillé? Certainement, il y a là quelqu'un. J'ouvre la fenêtre : une sentinelle, son albini entre les jambes, se frotte vigoureusement les paupières avec les deux mains. Au craquement du volet, le soldat a sursauté; reconnaissant ma figure, blafarde à la clarté de la lune, il me salue d'un bruyant port d'arme, faisant claquer le cuir de la bretelle : « Vous dormiez. » Pour toute réponse, mon homme se met à exécuter avec vigueur et précision, tous les mouvements qu'enseigne le règlement, c'est sa façon de protester contre une accusation si peu fondée : « C'est très bien, maintenant, détachez-moi cette chèvre, et l'emmenez chez les boys. Quant à vous, fichez-moi la paix. En passant, vous enverrez, de ma

part, un pavé à la face de ce stupide hippo. Un coup
sec sur la bretelle m'indique que le lascar a compris.
Je l'entends qui détale, tandis qu'un énorme caillou
lancé rebondit sur la roche déclive, provoquant la
chute d'autres pierres, qui vont en secouer d'autres
encore, pour aller toutes ensemble dans un beau
fracas, se précipiter dans les eaux paisibles du Moero.
Alors, il y eut un grand bruit, un immense clapotis,
le liquide jaillit et rebondit, glissant sur la roche
polie, crissant sur les cailloutis.

Le pachyderme éternua dédaigneux, puis il recommença ses hâons-hâons assourdissants, avec des
intervalles égaux.

J'avais froid, je me recouchai tout frissonnant.
Attendant toujours le sommeil, je m'amusai à suivre
des yeux, la direction des rayons lunaires filtrant à
travers les cloisons.

Le matin, il faut me secouer pour m'éveiller.

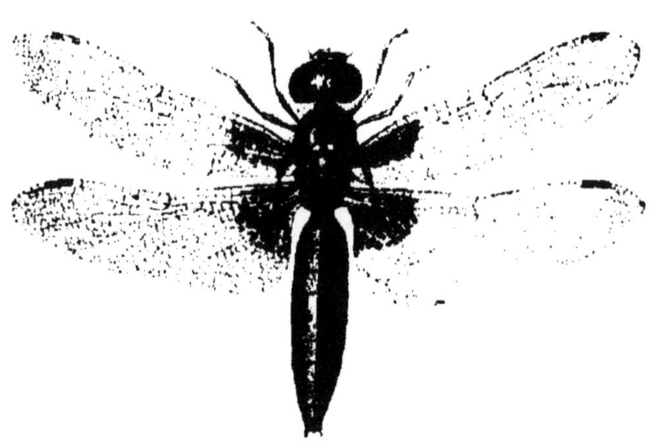

Note de l'éditeur

L'auteur, qui a quitté Kilwa pour se rendre à Lukafu, prendre le commandement du territoire, y est à peine arrivé, qu'il est rappelé à M'Toa, sur le Tanganika, pour y administrer la zone.

Les diverses péripéties de ce voyage sont contées dans un ouvrage édité par M. Charles Bulens. Il a paru en mars 1910. Son titre est : SUR LES HAUTEURS DU KATANGA.

Départ de Kilwa

(En route pour le Tanganika)

———

Lorsque le lundi 8 octobre, je quittais Kilwa d'un cœur léger, j'étais, certes, loin de me douter que moins de deux mois après, le lundi 3 décembre, je devais y revenir, en route pour M'Toa, sur le Tanganika, pour y prendre le commandement de la zone.

Cependant, je trouvai tout naturel de voir, en arrivant, les mêmes dondons arrosant encore les mêmes tiges de choux. Leur nombre s'est accru des deux malheureuses, aux formes squelettiques, laissées là, malades, lors de mon passage ; plantureuses, maintenant, on ne les reconnaît plus.

Après un jour consacré au repos, nous nous mettons en route, le mercredi 5 décembre : il y a Lhiot, qui, avant de s'installer définitivement à Kilwa, veut rendre visite au révérend C..., et à Berger, le chef de poste de M'Pweto ; enfin, il va s'informer de ce fameux ravitaillement, qui décidément refuse d'arriver. Il y a aussi, le sergent Branche, qui, malade, retourne à M'Toa.

Notre première étape est Molinga. Cette fois, dédaignant ses tristes masures, qui sont plus délabrées encore depuis mon passage, nous escaladons l'éperon rocheux, sur lequel le caporal Risasi a édifié quelques huttes provisoires, et aussi une maison en pisé complètement achevée; une autre est en construction. A la première, encore humide, manquent les portes. Vite, on en tresse deux, en clayonnage, épaisses de 15 centimètres, il faut deux hommes pour en soulever une. Nous abritons nos chèvres dans le bâtiment en construction.

A la vesprée, les soldats et leurs épouses, leurs poules rentrées, se retirent dans leurs chaumières, après les avoir recouvertes d'une enveloppe conique, semblable à celles qui nous abritèrent Pajole et moi, lors de notre rencontre avec Verdick.

Nous allons voir que ces précautions n'étaient pas inutiles.

Lhiot et Branche se sont partagé une des pièces, j'ai pris l'autre.

Deux petits boys occupent la galerie centrale, galerie ouverte servant de salle à manger, les bagages y sont amoncelés.

Couché assez tôt, j'attends le sommeil, allongé dans mes draps; mais un diable d'hippo, troublé dans sa quiétude par les feux des porteurs, ne cesse de m'étourdir de ses formidables hâons-hâons, auxquels timides, répondent les bêlements des chèvres. Ce concert peu varié, va-t-il durer la nuit entière? il y a apparence.

Tout à coup, les poules réveillées poussent de petits gloussements de frayeur; en même temps, les grognements et les bêlements ont cessé.

Alors, les airs sont déchirés de sonorités brutales, que les échos répercutent au loin. Ce sont les rugissements terribles, lancés avec colère des poitrines caverneuses d'un couple de lions. La faim les exaspère.

La nature muette tremble au passage des exterminateurs. Blottis derrière un rempart de malles et de caisses, les deux boys, à voix basse, échangent des pensées pessimistes. Moi-même, la sueur au front, la gorge étreinte, je me penche pour tâter mon pistolet Comblain, gisant sous mon lit.

Les rauquements sont devenus formidables, je crois les fauves déjà proches, je me lève pour m'assurer que la porte est bien callée ; *in petto,* je pense à cette fable naïve : *Le lion et l'âne chassant,* j'estime en souriant, que ces deux gaillards-ci, avec leurs pectoraux d'airain, n'ont pas besoin de l'instrument ridicule de maître Aliboron. Néanmoins, je suis nerveux, incapable d'ajuster un coup de fusil, en cas de nécessité.

Mais les pagazi ont ravivé les feux à grand renfort de bois sec, et les cris éclatants se perdent dans le lointain. Il y a quelques gloussements de contentement, puis les hâons-hâons recommencent par intervalles, tandis que les bêlements ont cessé définitivement. Alors, j'ai la conviction que nos chèvres ont été d'innocentes victimes. Le lendemain, je puis constater avec bonheur, qu'il n'en est rien.

Tandis que les fauves s'éloignent, je me recouche. Insensiblement, mes nerfs se calment ; je vais goûter un repos nécessaire, quand retentissent des cocoricos impérieux. Cette fois, ce sont les clairons de la basse-cour de Risasi, qui annoncent l'arrivée du jour. Aussitôt, les antilopes de brâmer, les éléphants de barir, les chèvres de bêler ; l'hippopotame soutenant cette cacaphonie, de sa basse formidable. Puis, le globe céleste sort du lac, semblable à un boulet rougi au feu. Rapidement, il gagne les sphères élevées. Il devient éclatant. En même temps, court une brise rafraîchissante, qui vivifie nos corps et nos esprits.

Et maintenant, en route...

Malgré le formidable orage, qui nous accueille à la M'Kua, nous décidons de pousser jusqu'à la Mulonde, où nous venons dresser nos tentes, après une étape de huit heures.

Cette gorge de la M'Kua n'a décidément pas une bonne réputation, c'est de là, paraît-il, que venait le groupe belliqueux, qui, la nuit dernière, faisait ce grand tapage. La Mulonde est de tout repos. Espérons-le, ô mon Dieu!

Le ciel est chargé de nuages, la nuit opaque, sans une étoile. Je me dispose à substituer à mon linge, complétement percé par la pluie, de l'autre, un peu moins humide, quand j'entends de formidables « *ahans!* » suivis d'éternuements sonores, interminables; quelques mots échangés à mi-voix, puis de nouveaux ahans! ahans! suivis de atchis! atchis qui ne finissent plus : « Décidément, ils deviennent agaçants, ces polichinelles-là. Ne pourraient-ils trouver un amusement plus discret? » Allant à la recherche de ces importuns, je rencontre Lhiot, non moins agacé : « Sont-ils tannants, ces enragés fumeurs de chanvre! »

A quelques dix mètres de nos tentes, dans une excavation à l'abri des vents coulis, sept personnages graves, dont un seul du sexe féminin, assis en cercle, ont l'air de pratiquer les rites étranges d'un culte

inconnu. Au milieu, couve un feu à peine visible.
Un vieux (du moins il le parait), les yeux hallucinés,
la face grimaçante, préside l'assemblée. De son doigt
crochu, il a désigné quelqu'un. l'élu reçoit des mains
de la sombre prêtresse, le calumet, qu'elle recouvre

en même temps d'une braise ardente; tout aussitôt,
se dégagent des flocons grisâtres. La pipe aux lèvres,
l'officiant aspire longuement et fortement; puis, d'un
geste brusque, il la retire, la tendant au hasard, à
une main quelconque. Sa bouche large ouverte est
tordue, ses traits sont révulsés, de ses yeux clos,
coulent des larmes abondantes. Alors, il éternue,
éternue..., puis, commence cette série de bruyants

« *ahans!* » qui, tantôt me crispaient. Les interpellant un peu vivement, j'envoie le cercle vicieux, pontifier ailleurs, le vieux singe bougonne quelque peu, néanmoins, il s'exécute ainsi que les autres, dociles.

Fumer le chanvre est une passion chez le nègre, de même que l'opium chez le Chinois. Des gaillards vigoureux, intelligents, s'adonnant à cette manie, ne tardent pas à tomber dans la décrépitude et l'hébêtement, avec des accès de délire furieux.

Un *chanvromane* invétéré est difficile à guérir : privé radicalement de son narcotique, il ne tarde pas à devenir sombre, taciturne, puis ce sont des crises frénétiques.

Delvaux, visitant ses prisonniers à Lukafu, faillit être assommé par un de ces détraqués. Un grand diable, dont la folie décuplait les forces, ayant descellé un des barreaux en fer de sa cellule, le darda vers la tête du chef de poste, qui, d'ordinaire bienveillant, ne pouvait s'attendre à une telle attaque. La sentinelle détourna le bras du frénétique.

Voyant les ravages causés par cette funeste passion, l'État lui a fait une guerre sans merci : le défendant absolument à ses soldats et à ses travailleurs; faisant arracher et détruire la plante, partout, où il s'en rencontre. Aujourd'hui, s'il existe encore quelque rare fumeur, on ne le trouvera que chez l'indigène, sans contact aucun avec les Européens.

Le vendredi 7, nous atteignons la mission anglicane du révérend C... En cours de route, nous avons traversé la station naissante de Lukonzolva ; les artisans y travaillent d'arrache-pied, il y a là : des Allemands, des Danois, des Anglais reconnaissables à leurs courtes pipes, à l'absence de veston, les manches de la chemise retroussées. J'en oublie, il y avait aussi un Belge, un seul.

Le révérend C... n'a pas l'air bien enthousiasmé de notre arrivée inopinée, on dirait un rat pris au trébuchet :

« Mille excuses, révérend, nous vous dérangeons ; indiquez-nous, je vous prie, un emplacement quelque part, n'importe où, au bord du lac, par exemple, pour y dresser nos tentes. Nous voulions rester là-bas, chez votre compatriote Waverley ; malheureusement, il a quitté ses installations, pour fuir une épidémie de variole. Ensuite, M. Lhiot vous doit cette visite, avant de s'installer à Kilwa ; moi-même, lors de mon passage, il y a deux mois, sur vos instances, j'ai promis d'accepter votre hospitalité, à la première occasion qui se présentera. »

Ces arguments et d'autres encore, qui démontrent que notre visite n'a rien d'inquisitorial, ramènent un peu de calme dans son âme inquiète.

Le révérend est sur des braises, le petit steamer de la mission est sous pression, un courant contraire l'empêche de démarrer, tandis qu'une bourrasque est imminente :

« En voilà une occasion de visiter votre bateau...

...

— Vous craignez le mauvais temps ?

— ...

— Rien n'oblige les voyageurs à partir de suite...

— ...

— Une idée, nous irons ensemble à M'Pweto.

— ...

— Pas de place pour loger tout ce monde ?

— ...

— Ne vous occupez pas de nous, nous avons nos tentes...

— ...

— Ces gens sont pressés, voilà deux jours déjà qu'ils attendent.

— ...

— Cela fera trois, ce n'est pas trop pour éviter une tempête.

— Il y a des dames à bord.

— Raison de plus. Il y a quelque temps déjà que nous n'avons plus été en si bonne société.

— Elles sont indisposées par le roulis, dans un état qui ne leur permet pas de descendre. Du reste, le dîner est servi, Mme C... nous attend. »

Ce dernier argument étant péremptoire, nous passons dans la salle à manger, pour y déguster le potage aux huîtres et autres manipulations, pour finir par le thé de pilules.

Pendant ce festin chimique, un boy vient glisser quelques mots à voix basse, dans le pavillon moussu de notre amphitryon, paroles magiques, sans doute ; son front embrumé s'est rasséréné subitement, il sourit à Mme C... ; puis, avec une joie manifeste :

« Messieurs, une bonne nouvelle, notre steamer a pu démarrer, il est maintenant hors de vue. »

Sur ce, il se tourne vers moi, l'air triomphant, et me lance un regard significatif, que je traduis *in petto* : « Attrape, toi, viens encore t'y frotter. »

Le soir, réunis autour de l'âtre, où se consument quelques brindilles, nous aspirons la fumée blanchâtre, qui monte, tournoyant en spirales, des gros cigares de notre hôte; celui-ci, maintenant dans le train, nous conte avec humour, les prouesses d'un joyeux drille, qui, après avoir quitté l'armée autrichienne par la plus petite des portes, promené son humeur vagabonde sous tous les climats, s'accommodant de tous les métiers, est venu ici, organiser un commerce aussi illicite que rémunérateur.

Cet aventurier eut naturellement la fin qu'il méritait : arrêté à M'Pweto, il fut jugé et condamné à M'Toa. Pour ne pas s'avouer vaincu, il décida d'aller en appel à Boma. Il mourut en cours de route, de privation de morphine. Il s'y adonnait avec excès : sa provision vite épuisée, il ne put la renouveler. Ce décès, en son temps, fit un certain potin, d'aucuns s'obstinant à y voir une autre affaire Stockx. Ces gens, sans aucun doute, bénéficiaient des fructueuses opérations de ce trop intéressant personnage.

Le samedi 8 mars, il est bientôt 9 heures, voilà plus de deux heures que nous faisons le pied de grue. C... est introuvable. Il nous faut des porteurs. Nous n'avons pas déjeuné, puis nous ne pouvons pas filer à l'anglaise. Enfin, il apparaît affairé, marchant à pas précipités : « le pas de l'Empereur d'Allemagne », nous dit-il

Les fonctionnaires de la colonie allemande, dans leurs visites, marchent toujours à une allure rapide et cadencée. « C'est le pas de l'Empereur, disent-ils, tous les officiers l'ont adopté. »

Voilà pourquoi, le révérend, qui sort de son lit, arrive vers nous, parcourant ces quelque dix mètres, au pas de l'Empereur.

Nos bagages déjà sont en route, nos boys n'ont qu'à les suivre. C... nous prêtera la nacelle de madame, un héritage d'un explorateur français assassiné sur la côte orientale. En une demi-heure, nous serons à M'Pweto.

Cette barque n'est pas un mythe, je l'avais cru un instant, elle se balance coquettement sur les flots, dans sa robe rouge de minium, sa coque a de belles proportions. Elle contiendrait aisément douze personnes, en y adaptant une voile; malheureusement, nous n'avons ni voile ni rameurs, c'est pourquoi nos porteurs bayèques, qui ont manié la pagaie sur la Lofoï, sont mis à contribution. D'habiles pagayeurs, aisément, font bondir une frêle pirogue, il n'en est pas de même d'un lourd bateau en tôle; avec leurs courts avirons, nos gaillards se démènent beaucoup. pour produire peu.

Heureusement le ciel est voilé, le vent est âpre, la température plutôt fraiche, nos gens avancent lentement, mais régulièrement, sans à-coup. Mais voilà que le manteau sombre, qui cachait le soleil, pour conserver la fraicheur de la nuit, a disparu, lacéré par les rayons ardents, ses lambeaux ont été émiettés et balayés dans l'espace par la brise venant du sud. La vapeur monte, abondante et étouffante, de la nappe liquide bientôt surchauffée. La barque en fer est comme une étuve, dans laquelle nous nous mettons à fondre, comme le fameux grenadier venu de Nuremberg « *parce qu'il était... (bis) en plomb* ». Peinte en rouge de minium, elle a l'air d'être de feu. Nos pagayeurs se sont arrêtés, perdant force et courage avec la sueur qui leur coule de partout.

Allons-nous, nous éterniser ici, tantôt séchés, racornis, convulsés, nous allons nous enrouler au fond de la barque, entortillés, semblables à un paquet de limaces dans une poignée de sel.

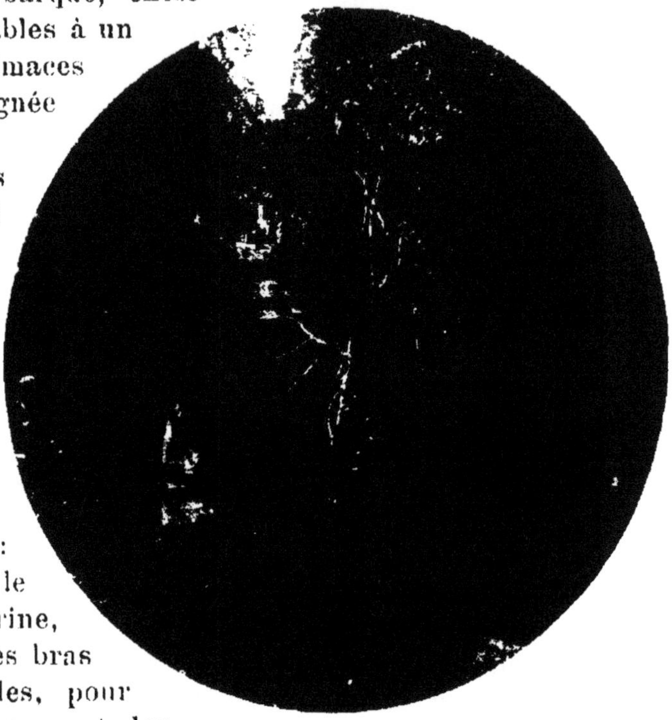

Enfin, les Bayèques ont repris une nouvelle ardeur, après d'abondantes ablutions, qu'ils pratiquent suivant un certain rituel : se mouillant le crâne, la poitrine, le cou, puis les bras et les aisselles, pour finir en aspergeant les banquettes. Les voilà partis, avec des alternatives de vigueur et de mollesse.

Les hippos, qui tantôt somnolaient en quelque coin paisible et frais, apparaissent nombreux, pleins de colère. Inopinés, ouvrant de larges gueules, poussant des sons rauques, empestant d'une haleine fétide, ils surgissent de partout, affolant les rameurs, qui se démènent pour gagner la côte.

Dans un moment d'apaisement, nous nous sommes aventurés à suivre la corde d'une grande anse. A peine arrivés aux eaux profondes, nous sommes assaillis tout à coup, cernés par ces enragés pachydermes. Aussitôt, nos gens éperdus, frappant l'eau à grands coups de pagaie, fuyant en aveugles, personne ne possédant une arme sérieuse, courent nous bloquer dans les arbres, qui poussent nombreux ici. Tandis que nous faisons des efforts pour nous tirer de là; à 10 mètres, un gros hippo, aussi empêtré, nous lance des regards furibonds.

Bien volontiers, nous abandonnerions ce misérable sabot, pour reprendre la voie de terre, mais pas un de nous ne connaît la région, qui semble être un vaste marais jusqu'aux croupes montagneuses. Force nous est de rester là-dedans, résignés à suivre la rive sinueuse.

Heureusement, le ciel s'est de nouveau couvert, c'était intenable; en plus de la chaleur accablante, nous sommes aveuglés par la réverbération du soleil ardent sur le miroir du lac.

Notre joie n'est pas de longue durée; la Providence, qui n'est pas si avare que d'aucuns le prétendent, se met à nous arroser avec une prodigalité, que j'aurais aimer voir reporter sur des œuvres plus profitables.

Branche, l'homme aux richesses et aux misères insoupçonnées, retire de je ne sais quelle cachette, un parapluie, qu'il ouvre avec ostentation, mais ce riflard est tellement minuscule, que c'est à peine s'il couvre nos trois têtes, tandis que l'eau dégouline en jets continus, dans nos cous et le long de nos échines. Aussi Lhiot remercie, l'air dédaigneux. Branche alors, s'efforce de protéger une partie de mon individu, tandis qu'un vrai torrent inonde la partie exposée; je m'aperçois alors que le remède est pire que le mal, et je l'invite à garder l'entièreté de son pépin, le priant de ne pas emplir la barque, où déjà l'eau clapote, nous gratifiant d'un bain de pieds glacé.

Un vent impétueux, maintenant, soulève des vagues courtes et nombreuses, qui se pressent se chevauchant, pour aller se briser à la côte. Prise dans le remous, notre barque transportée, secouée, s'agite et danse comme une petite folle.

Les hippos ont disparu.

Venant de loin, là, quelque part... au sud-est, je viens de percevoir un roulement, quelque chose d'imprécis. Les autres n'ont rien entendu.

Bientôt, les roulements s'accentuent, s'approchant avec célérité. Cette fois, il n'y a plus de doute possible, nous allons essuyer une violente tornade.

Ce blagueur de C..., qui, très affirmatif, assurait que l'orage éclaterait sur l'autre côte, c'est pourquoi il craignait pour ces dames... ces dames... ces dames... oui... oui...   ...   ... vas *y voir,* défense d'*y voir...* Ah! tu veux visiter mon steamer..., je vais t'en monter un, de bateau!

Puis ce Branche, qui, tout le temps, dévorait des yeux Mme C..., oubliant son potage aux huîtres mal conservées.

Qu'allaient-ils faire dans cette galère?

Maintenant, les éclairs sillonnent l'espace, leurs traits de feu zigzaguant réunissent les nuages d'encre à la nappe liquide, plus noire encore. Des coups de tonnerre nombreux, formidables, se succèdent, rapides. Ce sont les crépitements d'une fusillade nourrie, se mêlant au bruit assourdissant d'une puissante artillerie. Au même moment, la pluie torrentielle crisse sur la surface du lac. C'est, dirait-on, la dernière phase de la bataille, celle qui précède l'assaut.

Tout à coup, le pâle Lhiot a blémi, ses grands yeux noirs fulgurent, foudroyant mon voisin : « Branche, fait-il brusquement, d'une voix que l'émotion fait trembler, fermez votre parapluie, je vous l'ordonne. »

Dans les nombreuses discussions, qui surgissent entre ces deux particuliers, à propos de tout et de rien, le cavalier de deuxième classe, Lhiot, a toujours le verbe haut, imposant au sergent Branche, qui, tout en rechignant, finit par obtempérer.

« En quoi mon parapluie peut-il vous gêner?
— Vous ne voyez donc pas, que c'est un parapluie aiguille, le manche est en métal, nous allons être tous électrocutés. »

Branche, qui craint la mort sous quelque forme qu'elle se présente, s'empresse d'obtempérer. Mais, rageur, il se ravise bientôt, .l'ouvre d'un geste brusque, provoquant son éternel contradicteur.

Lhiot pensant, que dans cette circonstance, des actes valent mieux que des paroles, saisit de sa large patte, le manche du malencontreux pépin, auquel l'autre se cramponne de toute son énergie, l'entourant de ses petits bras nerveux. Et les voilà, tirant à hue! à dia! augmentant terriblement les mouvements de roulis et de tangage de la barque, pour le plus grand préjudice de notre sécurité. Les pagayeurs ahuris se sont arrêtés, les yeux écarquillés.

Autour de nous, la pluie et le vent font rage, les coups de tonnerre redoublent d'intensité. Un nuage enflammé nous enveloppe, tandis que notre petite coquille est ballottée par les vagues furieuses.

Je crois le moment venu de m'interposer. Alors Branche, le teint verdâtre, révolvérisant toujours son blafard adversaire de ses regards furibonds, ferme enfin le parapluie de discorde, pour le placer précautionneux contre mon postérieur, qu'il rafraîchit sur nouveaux frais.

Après la pluie, un soleil torride se met à darder; nos hardes sursaturées commencent à fumer comme une lessive, et une vapeur abondante monte du fond de la barque. Du haut de sa demeure céleste, saint Jean croit reconnaître la cuve, dans laquelle les mécréants l'ont traité comme un paquet de sale linge.

A la soirée, nous atteignons M'Pweto. Notre voyage en zigzag a juste duré huit heures, un peu plus que la demie, dont parlait C... Les autres, par voie de terre, en ont mis quatre.

Je suis raide comme un pieu, j'ai des bourdonnements dans les oreilles, je vais me coucher sans prendre de nourriture.

Le sergent Berger, chef de poste, est parti le mercredi 12 décembre, palabrer avec un petit chef des environs. Lhiot est retourné à Kilwa. Le soleil aussi nous a quittés, les pluies monotones et les bruines endeuillées se succèdent avec une ponctualité désespérante.

J'ai promis à Berger de rester ici, jusqu'à son retour, pourvu que son absence ne soit pas trop longue. Le mauvais temps nous cloue à la maison, cette inactivité nous rend maussades. La vue des aliments me donne des nausées, Branche arrive à la table avec des airs dégoûtés, il ne touche à rien. Cette diète ne le fait pas maigrir, au contraire. J'ai appris, plus tard, qu'il mangeait chez lui, des plats qu'il se préparait.

Un matin, je vais à la cuisine demander un verre d'eau, cette eau était infecte, on l'avait *filtrée* à travers un tamis, une loque grasse, puante ; le tout ici est à l'avenant. Je fais part de ma découverte à Branche, qui aussitôt va se coucher, il est malade d'un déjeuner trop copieux.

Le lendemain, comme je pénètre au mess, Branche m'aborde avec un air réjoui, auquel il ne m'a pas accoutumé, se frottant les mains avec satisfaction, comme s'il va m'annoncer la meilleure des nouvelles :

« Notre coq vient de déserter.

— Pourquoi cela?

— Hier, vous m'avez dit de le surveiller, ses ustensiles n'étant pas propres. Or, aujourd'hui matin, je me rendais à la cuisine; de loin, je le vis, assis au milieu de ses casseroles, occupé à frotter. Une colère subite m'a saisi, à distance je lui ai crié : « Vous avez empoisonné le commandant. » Là-dessus, il a jeté tout là, pour détaler avec une telle vitesse, que personne n'aurait pu l'arrêter.

— Pourquoi avez-vous fait cela? Je vous avais seulement prévenu, que les ustensiles n'étaient pas bien entretenus, qu'il ne faut plus employer l'eau du lac.

— Oui, mais, tout à coup, je me suis souvenu de l'affaire de Kilwa : à la pharmacie, vous avez surpris mon boy emportant un flacon d'arsenic, il était envoyé par le cuisinier; or, ce matin, j'ai retrouvé dans ma chambre, ce même flacon.

— Cela est bien étrange, et je regrette vivement, que ce cuisinier soit parti. A Kilwa, j'ai trouvé votre boy, seul dans ce local, où il ne devait pas pénétrer, il emportait une fiole, remplie de sel arsénieux, sur laquelle il était inscrit : MORT AUX RATS; comme je lui demandais ce qu'il faisait là, il m'a déclaré venir de votre part, chercher du sel de cuisine. Je lui ai repris le poison, pour le remettre sur l'étagère, puis j'ai fermé la porte, dont je vous ai remis la clef, tout en vous contant la chose. Il y a lieu d'être étonné, que cet arsenic soit maintenant chez vous. Je soupçonnerais votre boy, plus volontiers que ce cuisinier, qui n'est pour rien là-dedans.

— J'ai bien interrogé mon boy : il m'a affirmé qu'à Lukafu, on a toujours soupçonné ce cuisinier d'empoisonner les blancs; c'est pour ce motif qu'on l'a fait partir de là.

« — Sa femme est encore ici ?

— Oui, elle est à la rivière avec d'autres femmes du poste.

— Vous me l'enverrez. »

Le lendemain, avec un sourire amène, Branche m'annonce que la femme aussi a disparu.

Je ne pensais plus du tout à cet événement, dont je n'avais du reste fait part à personne, quand plus d'un an après, me trouvant à M'Toa, quelqu'un raconta qu'à Stanleyville, on avait condamné à trois mois de prison, un boy qui avait voulu m'empoisonner :

« J'ignore complètement cet attentat.

— C'est une histoire qui courait dans tout Stanleyville, peut-être est-ce Branche lui-même qui l'a racontée.

— J'ai toujours considéré Branche comme un insensé, là encore il a agi comme tel, et si j'avais dû soupçonner quelqu'un, ce n'était certes pas le cuisinier.

— Oh ! soyez sans inquiétude, il a été condamné pour vol, s'étant fait engager comme magasinier, il revendait l'huile de palme. »

La pluie monotone, maussade, perdure, c'est lamentable. Mes pensées sont grisâtres. Branche inquiet, s'agite nerveux, tel un animal en cage. Il ne parle à personne, il ne se lave plus, il est hydrophobe ; je regrette Lhiot, qui savait l'asticoter.

Ce matin, voilà qu'il m'apostrophe sans me souhaiter le bonjour :

« Est-ce qu'elle vous salue, vous ?

— Qui ça, elle ?

— Cette femme.

— Quelle femme ?

— Mais la femme de Chardon, qui vient de rentrer en Europe. Elle vient tous les jours au poste, chercher du lait pour son petit, lait qu'elle boit elle-même, du reste.

— Oh ! la mère de ce petit, que j'appelle : le petit Italien, vient ici chercher du lait ; je ne sais pas, je ne la connais pas.

— Elle vient de vous donner la main.

— A moi, c'est bien possible ; en effet, il vient de passer deux femmes, l'une d'elle m'a donné la main.

— C'est bien elle, je l'ai vue ; eh bien ! moi, elle ne veut pas me saluer, elle ne me regarde jamais ; je m'en fiche, du reste. Cette nuit-ci, j'ai rêvé qu'étant de retour à Bruxelles, je me promenais sur les boulevards, toutes les femmes couraient derrière moi, me faisant des propositions.

— Des propositions... malhonnêtes ?

— Des propositions, enfin ! »

Là-dessus, Branche se dirige vers la cuisine, voir si Mme Chardon y est encore.

Cet après-dîner, les éléments eux-mêmes se sont courroucés : le vent souffle en rafales, l'eau tombe par paquets. Le lac, qui d'ordinaire sommeille au fond de sa cuvette, aujourd'hui bouillonne et s'agite en vagues tumultueuses.

Au repas du soir, on a servi un poulet mal cuit, après avoir prélevé les deux ailes et une cuisse ; un pain non levé, et rien d'autre, pas même une malheureuse patate douce. Branche, qui est chargé du ravitaillement, prétend que les indigènes ne fournissent

plus rien, depuis le départ du chef de poste : « Cependant, ils apportent des poules phénomènes, je dési-
rerais beaucoup voir un spécimen vivant. » L'autre
fixe alors son assiette vide et ne dit mot; moi ennuyé,
je regarde Branche et son assiette, avec des pensées
vides.

Je vais me retirer dans ma chambre, pour mettre
fin à cet insipide tête-à-tête, quand le soldat de planton nous annonce l'arrivée de trois voyageurs, venus
par le lac Celui-ci est tellement déchaîné, qu'on
m'aurait dit que les trois visiteurs étaient tombés
des nues, que je n'en aurais pas été autrement
ébaubi.

L'eau ruisselle de leurs manteaux sur le parquet,
leurs visages luisent comme enduits de plusieurs
couches de vernis. Ils se suivent à la file. En tête, un
ragot, ses grosses joues vermillonnées écrasent un
nez minuscule; faisant saillie, de gros yeux bleus
inexpressifs; sa main courte et potelée vient mollement serrer la mienne, il me parle comme à une connaissance de vieille date, qu'on vient de quitter il n'y
a pas cinq minutes.

Le second, efflanqué, tout en carcasse, ressemble
à ces personnages taillés dans le bois, à ces pantins
fabriqués jadis à Nuremberg. Ses jambes, comme ses
bras longs, minces, raides, sont fichés, sans l'intermé-
diaire d'épaules ni de hanches, dans un buste étroit,
sans muscles pectoraux, ni abdomen, ni chute de
reins. Au-dessus de cet échalas, penchée un peu à
gauche, une tête énorme, extraordinaire, reliée au
buste par un cou trop long, trop mince; trop faible
pour supporter sa charge, il s'est recourbé comme
celui des cygnes. Tout est excessif dans cette tête :
le front haut, proéminent comme l'occiput, de grandes

oreilles sans bourrelet, déployées comme des ailes,
de puissants maxillaires terminés par un grand menton de galoche. Une bouche large, fendue sans lèvres,
décèle une denture d'ogre, avec cependant deux ou
trois brèches. Au fond d'orbites caverneuses, deux
petits yeux bigles paraissent se complaire énormément dans la contemplation d'un nez phénoménal.
Cet appendice mince et pointu comme une lame, se
détache délibérément de la face; mais bientôt, trop
flexible pour résister à la bourrasque, il s'est replié à
gauche, comme on le fait avec les volets des maisons
anciennes. La peau est tendue sur les os, sans muscle.
Son teint a la nuance violâtre des bouts d'asperge.
Sans desserrer les dents, il empoigne ma dextre dans
une de ses longues palettes, la serre à la broyer, me
secouant le bras comme pour l'arracher et l'emporter
en souvenir.

Le dernier, aussi âgé de 20 à 25 ans comme les deux
autres, est un gaillard bien taillé, bien découplé, l'œil
vif, le teint sain, il me paraît un peu timide, comme
embarrassé de la société de ses deux compagnons. Il
machouille quelques mots anglais, peu compréhensi-
bles. C'est le capitaine du petit steamer qui les a apportés, il est au service de la Compagnie l'African-Lakes.
Le second, qui ne se requiert d'aucune nationalité quelconque, est le mécanicien. Le premier avait à peine
bêlé quelques paroles de sa voix de tête, qu'il était
aussitôt classé, catalogué : pur Marolien. Le Comité
du Katanga utilise ses facultés.

Il est impossible de lutter contre une telle tornade.
Plusieurs fois, ils ont été entraînés vers les rochers,
qu'ils n'ont évités qu'en forçant la vapeur, au risque
de faire sauter la chaudière. C'est pourquoi ils ont
jeté l'ancre dans l'anse de M'Pweto. Enfin, ils n'ont

rien mangé depuis vingt-quatre heures. Ils tombent ici, comme mars en carême, avec Branche comme pourvoyeur, c'est la pénurie la plus complète. Au mot de conserves, ils se mettent tous les trois à grimacer, comme atteints subitement de violentes coliques :

« Des œufs sur le plat ?

— Bon, bon, excellent, parfait.

— Nous n'avons pas de pain, des biscuits, ça vous va ?

— Donnez seulement, fait le Brusseler.

— Et vite, ajoute Nasica. »

Et comme il craint de tomber en défaillance, il se met à broyer une galette, avec le bruit des chevaux mangeant leur avoine. Son cou long et onduleux est tellement desséché, qu'on peut en compter les tendons et les vaisseaux sanguins, son épiglotte plus volumineuse que la plus grosse des noix, voyage sans trève ni repos, montant et descendant le long de ce conduit sinueux, tandis que les mâchoires se rejoignent avec un bruit continu; les bouchées sont si grandes et le passage si étroit, que je suis obsédé par la crainte de le voir s'étouffer.

Heureusement que, malgré ses nombreux soucis, le brave baron Danhis, qui connaît notre misère, vient de nous envoyer une dame-jeanne de bordeaux; je fais servir du vin. Le capitaine ne prend jamais que de l'eau; comme les deux autres touchent à peine leur verre, je demande s'il n'est pas de bonne qualité. Sur ce, Nasica de répondre que la poche de son estomac est tellement rétrécie, qu'il est nécessaire d'y jeter au préalable, quelques corps pondérants, puis, pour prouver son dire, il s'envoie dans l'intérieur, de grandes lampées du liquide rouge.

Bientôt, arrivent les assiettes fumantes, dans les-

quelles des œufs frais nagent dans du beurre, qui l'a
été. Toute conversation a cessé, les mâchoires fonc-
tionnent.

Quand les plats sont nets, Nasica recommence les
copieuses rasades, faisant remarquer, comme la
nature a été pour lui prévoyante, le dotant d'organes
idoines à ses goûts. Il adore ingurgiter des boissons,
dont il ne supporte pas l'odeur, c'est pourquoi, son
nez détourné vers la gauche se tient toujours en
dehors de son verre. Son voisin, avec sa face orbi-
culaire et son nez minuscule, n'en pourrait faire
autant. Jadis, il fumait volontiers la pipe, ayant
eu le malheur de perdre les deux dents, qui la main-
tenaient loin de son organe olfactif, il y a renoncé
sans aucune peine.

Je demande ce qu'ils désirent encore : « Rien, rien,
rien. » Le capitaine offre le dessert, faisant circuler
des pralines d'excellent chocolat. Puis il file rapide,
rejoindre son bord. Tandis que *Pitje* exhibe une
boîte de cigarettes. Nasica, déployant son bras interminable, dépose au milieu de la table, un flacon de
cognac, qu'il a dissimulé dans les plis de son long
manteau.

Mon estomac détraqué ne me permettant ni l'alcool,
ni le tabac, je me contente de regarder boire : le
Brusseler, du cognac pur dans son petit verre; le
chauffeur, un mélange d'eau et de cognac, beaucoup
de cognac, dans son gobelet (ils ont apporté ces ustensiles); Branche alterne, tantôt buvant l'alcool pur,
tantôt le mélangeant dans sa tasse de fer émaillé;
tandis qu'ils grillent force cigarettes de Richemond
(in *England manufactured*). De conversation peu ou
prou, mes deux hôtes n'ont plus rien à dire, et Branche, au teint olivâtre, perdu dans des rêves érotiques,

perçoit des formes onduluses et des rotondités dans les spirales de la fumée bleue.

Dehors, le vent et la pluie font rage; les vagues du

Moero en effervescence, frappent les rochers avec un bruit assourdissant.

Tout à coup, Nasica, qui étendait sa longue main sèche vers le flacon, la laisse retomber avec un morne désespoir, il est plus d'aux trois quarts vide; son voisin, témoin d'une telle détresse, lui coule dans l'oreille quelques paroles consolatrices; sa figure inquiète s'éclaircit brusquement, il renifle avec force, puis répartit le cognac dans les trois récipients. Alors, avec le geste de trinquer : Tchin-tchin, fait-il, et le mélange disparaît, méandrant dans le conduit tortueux, qui mène à sa poche stomacale.

Enfin, mes hôtes se lèvent : adieux, remerciements, etc.... ils regagnent le bateau, Branche les accompagne jusqu'au lac. Et les trois hommes disparaissent sans bruit, dans l'obscurité et la tempête.

Vers minuit, je me couche, après avoir en vain attendu le retour de mon compagnon.

Le lendemain, assis sur la baraza, il paraît plongé dans une profonde rêverie.

« Je vous croyais embarqué avec les autres. Sont-ils partis au moins?

— Oui, oui, à 3 heures du matin, il y a eu une accalmie et la lune s'est montrée.

— Où avez-vous passé tout ce temps, depuis votre départ.

— Nous nous sommes réfugiés dans une hutte indigène.

— Il devait faire gai là-dedans.

— Ces gens-là nous ont procuré du schnick du pays, et ils ont bu jusqu'au départ. La grande carcasse n'avait plus d'eau pour faire son grog, il recueillait dans son gobelet, celle qui dévalait du toit.

Pro sit !

Les jours se suivent, le temps passe, Malborough...
pardon, Berger ne revient pas. Il n'est pas pressé ce
particulier. Aurait-il pris un congé, par hasard? J'en

ai la conviction; c'est pourquoi, les porteurs ayant
été requis, nous nous mettons en route, le vendredi
21 décembre.

En Europe, c'est le premier jour de l'hiver; ici

quelle chaleur! maintenant que les pluies ont cessé momentanément, que le soleil arde toute la journée le sol humide, il en sort une buée étouffante.

Pour comble d'infortune, j'ai aujourd'hui une de ces fièvres carabinées, inconnue encore jusqu'à ce jour. Un mal de tête, à l'arracher de ses épaules, pour la briser sur les pavés *(Notre-Dame de Paris)*, des jambes de coton. Ce ne sera rien, le mouvement, le changement d'air, auront tôt fait de dissiper tous ces malaises.

Impossible d'avaler n'importe quelle nourriture, si légère qu'elle soit. J'emporte du thé dans une gourde, semblable à celles en usage dans notre armée, l'enveloppe en feutre maintenant la température du contenu.

Par malheur, il m'est impossible de marcher, il faut avoir recours à la machela, ce hamac suspendu à une longue perche, que transportent deux nègres, allant au pas de course. Pas moyen d'y être à l'aise, quelque position que l'on prenne. Des secousses continues ainsi que des chocs fréquents, résultent des douleurs cuisantes par tout le corps. Un malade obligé de voyager ainsi est bien à plaindre.

Ailleurs, j'ai vu employer un véhicule, qui m'a paru bien pratique, c'est le pousse-pousse des Japonais, sur lequel on est commodément assis, avec la faculté de s'abriter sous un parasol. Ensuite, avec un de rechange, il suffit de deux desservants ; pour le tipoï, il en faut huit, au moins.

Le premier jour, après une étape de quatre heures et demie, nous campons sur les bords de la rivière Kabele ; mais cette fois, en dehors du bois, où les chacals sont nombreux. Dès notre arrivée, je me couche sans manger.

Samedi, la journée, qui commençait torride, finit avec des averses glacées. En arrivant au village de Kissabi, je suis fourbu.

Pensant avec raison, qu'à continuer de la sorte, sans prendre de nourriture, je n'irai pas loin, je décide de m'arrêter ici quelques jours. Le village est sain, bien situé, les maisons grandes, bien aérées.

Kissabi, très aimable, fait renouveler l'eau des dames-jeannes, en m'apportant des œufs frais. J'en gobe un de temps à autre, je prends aussi du café. Cela va mieux, un peu de faiblesse encore, cela ira tout à fait bien, quand je mangerai davantage.

Aujourd'hui, je me sens en appétit, cependant les biftecks de poule ne me tentent guère. Branche arrive avec une boîte de conserve d'épinard, c'est excellent avec des œufs...

Ah! aujourd'hui j'ai bien mangé! Ce que j'ai mangé! J'ai cru que toute la boîte y passerait. Branche, dédaigneux de ce légume, s'est fricassé une poule.

Il fait trop chaud dehors, je vais m'étendre à l'intérieur. Je ne suis pas bien. Décidément, l'épinard conservé n'est pas un idéal. Un peu de thé chaud, pour le faire passer : « Boy! tea! »

Non, cela ne va pas du tout, là, en dedans; j'ai, dirait-on, avalé un mur : briques et mortiers; c'est d'un lourd! Maintenant, un feu intense me brûle, tordant mes entrailles, je me roule sur le parquet, recherchant l'humidité du sol. Cette crise passée, je suis inondé de sueur. Puis, c'est une légère accalmie, jusqu'à ce que cela recommence de plus belle. J'éprouve ainsi plusieurs accès.

Enfin, dans une contraction extrême, mon estomac expulse la matière verdâtre, qui s'en va projetée par l'une et l'autre extrémité du tube digestif.

Quelque peu soulagé, je reste anéanti, couché sur mon dur matelas. Ce n'est qu'un court répit, bientôt recommencent les douleurs cuisantes, puis les éructations et les sueurs froides.

Je bois de l'eau, puis du thé, mélangeant parfois du *fruit-salt* à l'un ou l'autre liquide ; et le malheureux chef s'agite, ne sachant que faire pour me soulager, alors que le trop sensible Branche a transporté ses frusques à l'autre bout du village.

J'étouffe maintenant dans cette cabane, mes boys y resteront, je fais dresser ma tente à proximité.

Toute la nuit, ce sont des coliques et des nausées, tandis que brûlent encore ma gorge et mes intestins. Au moindre appel, au plus petit gémissement, Moadi, boy de 4 ans, se glisse dans la tente, comme un lézard, pour me donner à boire, me soutenant la tête de sa petite main glacée. Au point du jour, il s'est assoupi, sans doute, assommé par la fatigue ; en vain, je l'ai appelé plusieurs fois, il apparaît enfin, grelottant, portant avec précaution la potion que l'autre a préparée de façon trop hâtive, où nagent encore des agglomérats de sel. J'avale une bonne gorgée, le sel croque sous ma dent, avec une saveur piquante. Par un mouvement réflexe, j'envoie le gobelet et son contenu à la face du jeune Moadi, et le liquide glacé ruisselle sur ce petit corps, tiède encore de sa couche. Tout frissonnant, il allume une bougie, ramasse le gobelet, puis disparaît, pour revenir avec d'autre thé.

Quand il s'en est allé, je l'entends à mi-voix conter sa mésaventure à son compagnon, qui ricane avec malice.

Alors, je regrette mon geste pas beau. Quand l'enfant se présente pour aérer ma tente, je lui serre la main, puis geignant :

« Ton maître est bien malade.

— Je le sais, mais le petit Moadi n'y est pour rien. »

La saison des pluies est là avec tout son cortège :
ce sont des orages violents, des averses et des bour-
rasques ; ou bien, c'est une pluie fine et persistante,
puis vient le soleil ardent, qui pompe toute cette eau,
pour la souffler en buées chaudes et suffocantes.

Etendu dans ma chaise, l'œil brouillé, je contemple
cette nature variable. Quand le soleil est au zénith,
je me retire près des boys. C'est ici, que je vois
arriver Branche, tiquant comme aux plus mauvais
jours :

« Le chef du village ne veut plus lui fournir de
vivres : plus d'œufs, plus de poules, plus de manioc ;
il en a cependant, il a même des chèvres, je le sais.
Ainsi, aujourd'hui, il m'a refusé une femme.

— Une femme ! Vous avez si faim que cela ?

— On devient malade ici, vous avez tort d'y rester.

— C'est bien, je verrai, je réfléchirai, vous pouvez
vous en aller ; envoyez-moi Kissabi, je vous prie. »

Voici venir ce vieux brave, moitié plaisant, moitié
fâché ; il m'expose que tous les jours, il a dû fournir
trois poules et parfois douze œufs. Branche, pas
encore satisfait, lui arrache son jeune manioc et son
maïs encore vert.

« Hier, il lui fallait une chèvre ; ici, il n'y en a pas ;
aujourd'hui, il veut ma fille, une enfant.

— C'est bien, ne lui donnez plus rien. Il y a un village là, à gauche ?

— Oui, un grand, et encore un autre là, dans cette
direction.

— Bien, bien, il n'a qu'à y aller, et vous débarrasser de sa présence. »

Branche attendait non loin de là, le voici déjà
revenu. Tout d'abord, je le tanse vertement pour ses
procédés à l'égard de Kissabi ; enfin, je lui propose

de continuer seul la route ; il recevra la moitié des étoffes et tont le ravitaillement, je ne garderai qu'un peu de thé, du sucre et du beurre :

« Que dira-t-on à M'Toa, quand on saura que je vous ai abandonné malade?

— On ne dira rien, vous serez chargé d'une mission : remettre au commandant Hennebert, une lettre dans laquelle j'expose les motifs de mon retard. »

A cette offre, Branche sourit, mais il se tait, ruminant un projet, puis avec un air candide :

« Puis-je aussi emporter votre batterie de cuisine ?

— Ah ! non, ces objets sont ma propriété personnelle. Enfin, qu'avez-vous en fait d'ustensiles?

— Je n'ai rien.

— Rien de rien?

— Rien.

— Qu'avez-vous fait de tous les objets, que l'Etat vous a confiés, lors de votre départ?

— J'en ai perdu, j'en ai donné, le restant on me l'a volé.

— Oui, et maintenant, vous trouvez tout simple de prendre les miens. Au fait, je vous donnerai bien quelques objets de la cantine du gouvernement.

— Ce sont les autres, que j'aurais voulus.

— Mais, mon ami, vous n'y pensez pas, ces objets sont tout neufs, je viens de les acheter à M'Toa.

— Je croyais les avoir, puisque vous ne vous en servez pas.

— Je ne m'en sers pas, parce que je les tiens en réserve. Mais n'imaginez pas, que je les ai achetés, à telle fin de vous en faire cadeau.

— Dans ce cas, j'attendrai votre départ. »

A partir de ce moment, Branche vient tous les

jours, et même plusieurs fois par jour, s'informer de ma santé, me représentant l'insalubrité du village, la mauvaise qualité de l'eau, la proximité de la mission de Saint-Jacques, etc., etc.

Lors de mon arrivée ici, j'ai renvoyé les porteurs dans leurs villages, il faut en réquisitionner d'autres ; à cet effet, j'envoie les trois soldats que j'ai emmenés de M'Pweto. Partis la veille, ils reviennent à la vesprée, chargés de poules, mais pas un porteur :

« Et les pagazi ?

— Ils se sont tous sauvés. »

Pendant la saison des pluies et surtout dans les régions marécageuses, le métier de porteurs est très pénible, beaucoup d'entre eux meurent en route, et d'autres qui rentrent, ne valent guère mieux ; atteints qu'ils sont : de refroidissement, de dysenterie, maladie du sommeil, etc., aussi ils essaient toutes les manières de se soustraire à cette corvée. Par des promesses, de bonnes paroles, vous arrivez à leur faire effectuer le transport sur un parcours pas trop étendu, à condition de ne pas quitter le pays natal, celui dont les habitants ont la même origine qu'eux. Avisez-vous de dépasser la limite convenue ou non, ils vous brûlent la politesse pendant la nuit, abandonnant leur charge et le salaire mérité pour la tâche accomplie.

Peu après le retour de mes trois lascars, je vois arriver le chef d'une localité voisine : les soldats lui ont volé ses poules. Le plus effronté veut prétendre qu'il les a achetées : « Achetées, avec quoi ? Vous n'avez rien. Achetées comme cela. » Je fais le geste d'un rapt, et tous de rire : voleurs et volés, ainsi que les gens du village, pendant qu'un ascari féroce poursuit, la fustigeant de sa canne, une poule qui s'enfuit, poussant des cris de détresse.

Les gallinacés sont restitués, et les soldats renvoyés illico à M'Pweto.

Le vendredi (28 décembre), encore un vendredi, on m'amène des porteurs, que j'engage jusqu'à la Mission de Saint-Jacques de Lusaca. Alors, tente et bagages repliés, je fais mes adieux au brave Kissabi, qui est heureux et triste à la fois : triste à contempler ma carcasse grelottante, heureux du débarras d'un macchabée en perspective et de la réalité d'un ogre.

Devenir un macchabée, je commence à le redouter, c'est pourquoi je désire arriver au plus tôt, à la Mission des Pères, où j'espère trouver des médicaments et des soins.

(J'y suis parvenu, mais les étapes furent bien pénibles, et j'ai désespéré bien des fois.)

Par suite des pluies fréquentes, le sol détrempé est devenu glissant, les porteurs pataugent, trébuchent, patinent, glissent et parfois culbutent. Ce sont alors des chocs dans les reins, dans la tête, qui causent une douleur intolérable ; ajoutez à cela, une manie incurable de venir racler mon dos, à chaque tronc brisé, à chaque éclat de roche qui se présente. Ces secousses répétées finissent par m'épuiser, mes yeux se ferment, mes pensées s'éteignent, les ombres m'envahissent, je tombe dans un abîme sans fin... quand un heurt plus violent vient me rappeler à la réalité des choses, avec des picotements dans tout le corps et des milliers de lumières devant les yeux.

Le premier jour, ce martyre ne dure que six longues heures, on s'arrête non loin de la rivière Lumba, dans une clairière au milieu d'un bois marécageux, exhalant cette odeur âcre et forte des végétations tropicales.

Tandis qu'on déroule ma tente, qu'il n'y a plus moyen de sécher, je m'étends sur une chaise. Mon lit sitôt fait, je me couche, et tout le monde s'éloigne pour ne pas troubler mon repos.

Mon repos! Un autre supplice va commencer.

C'est avec une satisfaction attiédie, que je me glisse dans des draps moites, puant la fièvre. Mon corps, fatigué, courbaturé, brisé par les mouvements de la machela, débilité par un long jeûne et des déjections trop fréquentes, ne tarde pas à tomber dans un état de torpeur assez semblable au sommeil. Ce n'est malheureusement qu'une trêve à mes tortures, elle est de courte durée.

L'atmosphère est sursaturée de miasmes délétères.

Cette pestilence persistante, s'accentuant même, devient intolérable. J'ai la sensation d'avoir la tête cerclée d'un bandeau de fer, qui va se rétrécissant jusqu'à faire éclater mon crâne. Mes tempes battent avec violence. Qu'il éclate, ma foi! ce sera la fin de tout, de tout.

Tiens! il n'éclate pas, il est trop dur.

J'ai froid aux pieds, ils sont gelés, les couvertures ne les rechauffent plus.

Le froid monte, monte, s'empare des jambes, puis du ventre; j'ai à l'intérieur comme un glaçon.

Ding! ding! ding! j'écoute... là... loin, bien loin, une petite cloche tinte, le son argentin est grêle, mais je l'entends, je le distingue très bien. On dirait celle d'une petite église, desservant un hameau perdu ; elle convoque les fidèles au service divin. Petite cloche, je voudrais aussi venir avec les autres, mais je suis lié sur ce lit, je n'en puis bouger.

J'ai une longue tâche à remplir ; on m'a donné à résoudre des problèmes difficultueux. Puis, ce sont

des erreurs de compte, qu'il s'agit de rectifier. Je travaille avec une hâte fébrile, et les opérations se succèdent, grandissant toujours. Elles deviennent énormes, fantastiques, et les chiffres s'alignant, se multipliant, noircissent de nombreuses feuilles, qui, elles-mêmes grandissent, pour atteindre le format des plus grands journaux.

Je dois aussi veiller un malade, c'est un petit vieux, tout blanc qui, parfois, ressemble étrangement à feu mon père. Il respire avec peine, de temps à autre il gémit faiblement, sans jamais se plaindre. Il ne prend jamais de nourriture, aussi s'éteint-il graduellement. J'ai peur de l'éveiller, mais doucement, je le touche du doigt. Son corps est déjà froid, encore que son cœur bat toujours.

Une forte douleur des intestins vient de m'éveiller : c'est quelque chose de cuisant et de glacé à la fois. Il faut que je me lève. On a dû placer quelque part, un pot, pour cette destination. Où est-il? Ah! là-bas! je me souviens qu'on ne pouvait plus le placer contre mon lit, à cause des émanations...

Cela va mieux, mais je suis transi! J'entends les coups redoublés de l'averse, sur la toile de ma tente. Vite dans mon lit. Mais où est-il passé à présent? je ne le trouve plus. Il était là cependant, dans ce coin, personne n'a pénétré ici pour l'enlever. Qui sait? pendant que j'étais assis sur ce pot, on est venu derrière moi. Je veux appeler, ou bien sortir; je m'efforce d'ouvrir la portière, dénouant les cordons; impossible, ils sont trop serrés. Je tombe épuisé sur mon lit, qui se trouve là, à propos, pour me recevoir. Toujours les mêmes soucis, les mêmes tracas, ne variant que pour se répéter.

Ces trois derniers jours, nous avons logé dans la brousse, ne cessant de respirer les effluves paludéennes. Le nyampara prétend que les villages sont trop en dehors de son itinéraire. Il y a de l'eau partout ; la route est semée de difficultés. On avance avec une sage lenteur, les étapes durent des sept, des huit heures.

L'étape du troisième jour a été des plus pénibles. Je suis arrivé, ma tente pas encore ; la pluie qui menace depuis quelque temps, maintenant tombe à larges gouttes. La machela et son contenu sont mis à l'abri sous les arbres, le montant appuyé sur deux maîtresses branches. Deux commères, arrivées d'un village voisin, devisent entre elles :

« Qu'est-ce cela ?

— C'est un blanc.

— Il est mort ?

— Pas encore, mais il n'en a plus pour longtemps.

— Partons, j'ai peur que son âme n'entre dans mon corps. »

Je comprends et je devine tout ce qui se passe autour de moi.

Pendant le trajet je m'étais assoupi, quand, tout à coup, me voilà éveillé par une sensation de malaise indéfinissable. Mon porteur d'avant, perché sur le sommet du talus bordant la rivière, est gravement occupé à bourrer ses narines d'une grande quantité de tabac ; l'autre, resté au bas, s'intéresse à ce travail important, tenant des propos de circonstance ; tandis que le macchabée se trouve dans la position pénible d'Œdipe, à ses débuts dans la vie. Le sang afflue au cerveau ; en sursaut, je reviens au sentiment des choses, pour décocher un coup de ma badine au priseur, qui sans s'émouvoir : « Tu vois bien qu'il n'est pas mort. » Puis à moi, bénévole : « C'est bien, boana, on y est. »

Je ne jurerais pas qu'en ce moment, il ne manigançait de me baptiser par immersion.

Ce matin, il doit être tard, quand je m'éveille; j'entends des voix diverses, l'une d'elle s'exprime en français. J'appelle : « Boys! »; aussitôt apparaissent mes deux clampins, qui, en un geste rapide, font pénétrer une vivifiante clarté dans mon obscur et humide réduit. Puis longuement, je me frotte la figure, le cou, les bras, avec un mélange d'eau et de vinaigre, reniflant le liquide acidulé, avec infiniment de plaisir. Je sors appuyé sur les épaules des

enfants, pour aller m'affaler sur la chaise de toile, encore empuantie de leurs sueurs; c'est là qu'ils ont passé la nuit. Tous me regardent avec une curiosité qui n'est pas habituelle. Branche, dans la posture du voyageur prêt à partir, ne dissimule pas son impatience.

Les boys replient mon lit avec une hâte fébrile, sur le temps qu'on roule ma tente :

« Eh bien! mon café? » Nioka, le plus grand des deux domestiques, s'arrête de travailler pour fixer, pleins de reproches, ses gros yeux jaunes sur le chétif Branche. Celui-ci, fouettant son originelle couardise, prend un air bravache, pour répondre :

« Il n'y en a plus.

— Comment, il n'y en a plus?

— Je l'ai tout bu.

— Qu'à cela ne tienne, on en fera d'autre.

— Les porteurs sont partis avec le *show box*.

— Ils reviendront, je les attendrai ici, où je logerai encore cette nuit. Quant à vous, je ne vous retiens nullement, vous connaissez mes sentiments à votre égard. »

Un quart d'heure après, je dégustais le breuvage odorant, déclarant à M'Vua, de façon péremptoire : « Que ce jour-ci, il devait me conduire dans un village, n'importe lequel. »

C'est pourquoi, après une promenade d'une heure et demie, nous faisons halte chez Kampera, grand village, où il y a un soldat résidant.

Dire que mon arrivée lui cause une joie intense, serait faire mentir ces pages qui sont l'expression exacte de la vérité.

Kampera, tout en me lançant des regards, où perce manifestement la mauvaise humeur, accable de reproches le malheureux M'Vua, qui n'en peut mais ; tandis que le soldat, bel homme, prétentieux, gobeur et fanfaron à la fois, essaie de tirer parti de la situation, présentant diverses réclamations, toutes des plus fantaisistes : « Il ne se souvient plus d'avoir reçu sa paye, tellement il y a longtemps. Il a faim. Il est dénué de tout. » Pendant qu'il crie famine, le chef proteste avec énergie contre une telle imposture. J'opine dans son sens : « Ce n'est pas à sucer des cailloux, qu'on acquiert un tel embonpoint. Il est même beaucoup trop gras, les soldats de Lukafu, qui vont à l'exercice et au travail, sont maigres comme des rats. »

Prenant ceci pour une menace, rejoindre le poste ne lui sourit guère, le soldat perd de son assurance ; cependant, il affecte une tranquillité qu'il est loin de posséder :

« C'est dans *ma nature* d'être comme cela, Kampera le sait que je ne mange pas beaucoup. Puis, cela ne prouve pas que j'ai reçu mes myesi *(solde de plusieurs mois)*. Mes vêtements, ceux de ma femme, notre nourriture, je les dois au chef du village ; hier encore, il me réclamait son paiement. Tout ce qui est dû à Kampera, lui sera payé. Il m'accompagnera à M'Toa, où nous réglerons les comptes. »

Mais le chef, qui ne tient pas à se déplacer pour un si long voyage, s'empresse de déclarer avec fermeté, qu'on ne lui doit absolument rien. Alors, toute la jactance du soldat s'effondrant, il devient piteux : « Il ne se souvient plus, il a la fièvre. »

A titre gracieux, je lui remets un demi-doti de cotonnade ; aussitôt notre gras coquin, qui craignait déjà pour cette aventure, une issue moins favorable, de déguerpir, gambadant, poussant des cris de joie, agitant la toile au-dessus de sa tête.

Alors, Branche attiré par cette trop bruyante allégresse, vient blâmer une telle prodigalité :

« La veille, il lui a fait remettre un doti par son boy.

— Vous avez eu doublement tort : 1° hier, vous auriez dû me prévenir de la proximité du village, au lieu de me laisser dans la brousse ; 2° vous n'avez pas à faire de cadeau au soldat, c'est à moi à disposer des étoffes.

« — Il m'a fourni des poules et des œufs.

— C'est un paiement, ce n'est pas un cadeau ; alors hier, vous avez fait *nopce* et festin, cela ne m'étonne plus que ce matin, il ne restait plus de café. »

Le soldat, qui se croit en veine ce jour-là, veut profiter de la fortune, qui se détourne de ceux qui ne la saisissent pas au vol ; il s'en va provoquer au jeu les porteurs, qui non plus ne dédaignent le hasard.

Voilà la partie engagée : accroupis, ils font cercle autour d'une caisse, sur laquelle est déposé un plateau de cuivre, une sorte de tam-tam, sur lequel on projette les dés, ici, des coquillages de forme spéciale.

La partie est animée, pourtant les joueurs sont silencieux ; d'une main fébrile, les dés sont lancés sur l'airain, et ils rebondissent avec le bruit de la grêle sur les vitres. Parfois, une courte discussion, un coup douteux, puis la partie continue, les chocs se précipitent sans interruption.

La chance favorise le soldat, il devient exubérant, il clame sa victoire, avec des sons gutturaux et des éclats joyeux, auxquels les autres répondent par des grognements. Les dés sont projetés avec plus de violence, pour les contraindre, ou bien avec des signes cabalistiques, pour conjurer le mauvais Esprit.

Le soleil est déjà haut, sa chaleur se fait sentir, le soldat a soif : « Qu'on apporte du pombé. »

L'entrain redouble, mais le calme a disparu. Les discussions plus fréquentes, sont plus bruyantes aussi. La déveine est venue pour l'ascari. Ses plaintes se traduisent par des menaces. Ses coups maladroits sont souvent annulés. Mais, voilà que les coquilles, lancées avec rage, roulent sur le sol et s'éparpillent, les têtes sont échauffées, la dispute est au paroxysme, tantôt on va se cogner.

Kampera intervient, prêchant la paix, suivi de capitas pour joindre l'action à la parole. Le soldat se lève, il quitte la partie en maugréant. Au devant

de lui s'avance son opulente et douce moitié, qui vient
à point pour recevoir son tribut d'injures et de coups,
manifestation habituelle de la mauvaise humeur de
son époux. Cependant, il n'est pas plus méchant qu'un
autre; tantôt ils seront d'accord, s'embrasseront, etc.

Cette nuit n'est pas trop mauvaise pour moi. Mon
lit est sec, ayant été exposé au soleil pendant le
jour, mes draps sont renouvelés. Comme abri, la
cabane est piteuse, mais elle est bien ventilée par les
trous nombreux des murailles vétustes, et le toit
ajouré en dentelle, laisse passer la lumière blafarde
des astres, en certains endroits on peut les voir
scintiller.

Ce m'est une consolation de les regarder; tous ces
yeux, qui clignotent compatissants, m'encouragent
comme ceux de milliers d'amis.

Je me suis assoupi, les vents coulis me font gre-
lotter, tandis que mes habituels cauchemars recommencent, me torturant de leurs scies éternelles.

Le lendemain, je m'éveille, les membres glacés,
l'esprit plus trouble que si, hier, j'avais absorbé tout
le pombé des joueurs. J'aspire de l'ammoniaque, puis
Nioka me frictionne de sa main rugueuse.

Mardi 1er janvier, le premier jour de l'an 1901.
Branche vient bredouiller quelques souhaits, que je ne
comprends pas; j'imagine qu'il vient encore m'obsé-
der de propos saugrenus, je le congédie vivement, il
insiste, maladroit; je remets mon stick, à Nioka,
avec prière de me débarrasser de l'importun.

L'air grave, comprenant l'importance d'une telle mission, le boy saisit d'une main la baguette flexible, de l'autre le bras de Branche, qu'il emmène sans résistance. Le bonhomme devenu verdâtre, me rappelait la fameuse boîte d'épinard.

Comme j'avale un peu de café, M'Vua vient me confier que, pendant la nuit, la moitié des porteurs

ont déserté. « Cela ne m'intéresse pas. Il doit s'arranger avec Kampéra, pour nous conduire au village le plus proche.

— Il n'y en a pas sur notre parcours.

— Cela m'est égal, il doit en trouver. »

Nous voilà en route, si l'on peut dire *en route*. Il n'y a pas de chemin, partout, ce n'est que de l'eau. que trouent, par-ci par-là : un tertre, un arbuste, des touffes d'herbes.

Nos porteurs pataugent avec peine dans de profondes ornières. Les déserteurs ont été remplacés comme on a pu, ceux de la machela ont été renouvelés; moins experts, plus timorés, ils sont maladroits. Malgré la vigilance du nyampara, qui voit tous les obstacles et les prévient, il n'est pas un trou, dans lequel ils ne vont choir. S'ils veulent accélérer l'allure, c'est bien pis, leurs pieds s'embarrassant dans les tiges rampantes que l'eau dissimule, tous les trois, nous allons rouler pêle-mêle.

On me relève défaillant, ruisselant de boue liquide, on me frotte le dos avec vigueur, puis on me recouche délicatement sur mon instrument de supplice, et l'on continue avec plus de précautions cette fois : mes deux boys à mes côtés, M'Vua à l'avant, tâtant le terrain, de son bâton.

Après huit heures de ce manège, nous atteignons Kiteto.

Le mercredi 2, après une étape de deux heures et demie, nous atteignons Katamboï, une dépendance de la mission de Saint-Jacques, ce que les Pères appellent un catéchisme.

Je suis vanné, tout ce qu'il y a de plus et de mieux vanné.

Tous les jours, pendant des heures, j'ai été secoué ferme, dans la houleuse machela; tandis que la nuit, je perdais toute vigueur dans de trop nombreuses déjections, sans rien prendre pour me restaurer.

Malgré ma détresse, je rumine involontairement ce passage où Rabelais décrit à sa manière, comment dans les monastères, on meurt en odeur de sainteté.— Rendant l'âme par le ...

Maintenant, je suis tombé dans un état de prostration sans pareille. Le matin, quand mes boys arrivent pour replier mon lit, et m'aider dans mes ablutions, je leur déclare que je ne vais pas plus loin. Cela m'est impossible. En route, on me tuera avec ces maudites secousses. Ici, je mourrai en paix. Voilà les boys partis tout en larmes.

Peu après, ils reviennent accompagné de M'Vua et du capita de la Mission : « Je ne peux rester ici ; à Saint-Jacques, j'aurai tous les soins désirables. Il est facile d'y parvenir, la route est aisée, on me donnera des porteurs, des gens choisis, ayant l'habitude du tipoï. »

Branche aussi arrive à la rescousse, on dirait même qu'il est ému : « Il a écrit aux Pères. Ceux-ci vont envoyer un véhicule, quoi, il n'en sait rien, mais ils enverront quelque chose, convenant à mon état. » Je me laisse convaincre. C'est, du reste, mon dernier espoir : arriver à la Mission. On me dépose dans la machela, bien enveloppé de couvertures, un coussin sous la tête.

Ces pagazi, comprenant la situation, enlèvent le palanquin sans secousse, le tenant, à bras tendus, non plus sur les épaules, et ils avancent ainsi, sans précipitation. Je m'efforce de garder les yeux ouverts, de m'intéresser au paysage, m'entretenant parfois, avec les boys qui cheminent près de moi ; puis, la faiblesse trop grande l'emportant, je m'endors, ou plutôt, je sombre dans les ténèbres. Quand je reviens au sentiment des choses, j'ai l'impression qu'un froid intense envahit tout mon organisme. C'est la fin.

Non, je ne veux pas mourir en route, je vais réagir, me réchauffer en marchant.

Pauvre de moi, je ne tiens pas debout. M'Vua, qui a resserré les couvertures autour de mon pauvre squelette, ordonne aux porteurs de continuer la marche. Maintenant, je veux qu'ils se hâtent, qu'ils aillent au pas de course.

Au bout de quelque temps, j'en ai assez de cette allure cahotante, je préfère quelque chose de tempéré.

Nous arrivons enfin. Il était temps. J'ai défailli déjà plusieurs fois. Nous sommes à la Lufuko, qu'il faut traverser à gué, les eaux fortement grossies se précipitent, roulant avec fracas leurs flots bouillonnants.

Les porteurs se sont arrêtés indécis, quand on entend des paroles lancées de là-haut, d'une voix claironnante. Tout au sommet du pont de singe, un blond géant maîtrise un âne blanc, qui, rétif, bondit et pointe. C'est un jeune prêtre, sa figure rose est auréolée d'une barbe d'or, il éclate dans la lumière, avec sa robe blanche immaculée. A pas menus, précipités, Branche court à la rencontre du Père qui de loin clame : « Il est déjà mort? » Et l'autre, l'être minuscule :

« Mais, non! il est plus enragé que jamais, il ne veut même pas que je marche à son côté.

— Où est-il?

— Il est là-bas, au bord de l'eau.

— Eh! venez par ici, commandant; là, vous allez vous noyer.

— On peut passer sur le pont?

— Mais oui, il est réparé.

— Parfait, merci! »

J'ai voulu rester au lit, toute cette journée du vendredi. Plein de compassion, le vieux Père Auguste
Van Acker est venu me rendre visite; d'une voix
attendrie, il m'engage à me lever, ne fusse qu'un
instant, et aussi à prendre un peu de bouillon. « Je le
remercie, je suis moulu, pillé, concassé; aujourd'hui,
je veux rester au lit. Je ne prendrai rien d'autre,
que cette grande bouteille de limonade. Demain,
je le promets, je viendrai à votre table, j'avalerai
tout ce que vous voudrez. »

Le brave homme se retire chagrin, pour revenir peu après, passer la tête avec pruden-ce, pour ne pas troubler mon repos. J'ai fermé les yeux, je fais sem-blant de dor-mir. Dans la nuit, il re-viendra plu-sieurs fois, me donner à boire.

Le lendemain, je me suis levé, j'arrive soutenu par mes boys, tout le monde applaudit chaleureusement, et moi : *Gloria in excelsis*. Lazare est ressuscité. »

D'un geste, le bon Père Van Acker a calmé leur enthousiasme trop effervescent; puis : « Non, non, vous n'étiez pas si bas, un peu de fatigue, les privations; dans quelques jours il n'y paraîtra plus. » Tirant sa grosse montre de cuivre, il prononce quelques mots à voix basse, et tous se rendent à la chapelle.

Je restai là quinze jours environ, me rétablissant lentement, très lentement; car j'étais tombé bas, bien bas, et nul n'ignore que si l'on descend vite, on remonte toujours lentement.

Quand je fus hors de danger, les Pères m'avouèrent naïvement, que lors de mon arrivée, ils n'espéraient plus que j'en réchapperais.

C'était le viatique que m'apportait hâtif, le Père Van Winckel, campé avec crânerie sur son destrier asine. C'est ce que Branche, à l'âme obscure, appelait *véhicule*.

Le vieux Père Supérieur en avait l'âme chavirée, il n'y avait pas quatre mois que j'avais quitté la Mission, plein de santé et d'entrain, il avait bien ri de mes boutades quand nous jouions aux cartes : au jeu de c... (cinq lignes), si, distrait, il était gratifié d'une c... (crolle).

Maintenant, triste, solitaire, affalé dans un fauteuil, l'œil trouble, je suis les progrès du soleil, qui, mangeant l'ombre des bâtisses, envahit le préau.

Le réveil des Pères a lieu à 4 h. 1/2, l'un d'eux toque discrètement à chaque porte. Pendant une demi-heure, ils se recueillent, puis une clochette au son grêle les convoque à la chapelle.

A 6 h. 1/2, c'est le déjeuner : du café, un peu de lait de chèvre, du pain de froment non bluté, du saindoux, jamais de beurre, un fruit parfois, une papaïe.

Le travail a lieu de 7 heures à midi et de 1 1/2 à 5 heures.

A midi, second déjeuner.

Les notes aiguës de la trompette annoncent la reprise du travail.

Les cultures sont soignées, la station produit : le froment, le riz, le maïs, le sorgho, le manioc, la pomme de terre, puis les salades, les choux cabus, les choux-fleurs, etc.

L'installation est tout à fait provisoire, toutes les bâtisses sont en pisé, la chapelle est entièrement en planches.

Les débuts furent durs, le sol était aussi ingrat que le caractère des habitants. Avec cela, peu de ressources, 1 franc par jour et par Père.

Bien des fois, on fut sur le point d'abandonner cette rive inhospitalière, pour chercher d'autre lieu plus idoine. Mais quand les missionnaires eurent conquis l'esprit des indigènes, ceux-ci leur apportèrent un concours efficace.

On a maintenant deux récoltes : une dans les terres basses et humides, pendant la saison sèche ; l'autre sur les coteaux, à la saison des pluies.

Ils élèvent le cochon, l'espèce noire, ceux vus à la Mission anglicane, près de Lukafu, sont blancs tachetés, ils sont plus hauts et plus forts.

Ils ont aussi quelques chèvres et des poules. Les pigeons sont nombreux et familiers ; dès que le Père Van Winckel claque des lèvres, ils arrivent de partout, l'entourant pour recevoir quelques grains de maïs.

Pour faire la guerre aux rats et autres bestioles, on entretient une troupe de cinq à six chats. On entretient, je m'explique : on leur donne un repas par jour, un seul, le matin, du riz bouilli à l'eau; le restant, la chasse le leur procure. Les souris sont

nombreuses cependant à la chapelle, cela est assez naturel. on les appelle communément, des rats d'église.

Il n'est pas nécessaire de convier les chats à ce festin matinal, après le déjeuner des Pères, on dispose la platée au milieu du préau, où ils sont déjà miaulants, la faim leur tiraille les entrailles; la chasse, sans doute. n'a rien produit.

Aucun, cependant, ne touche à la nourriture, ils attendent la mère qui s'avance onduleuse, vient manger à satiété, puis deux autres la remplacent, enfin les trois derniers, les plus jeunes, peuvent approcher.

Les pigeons aussi, sont à la curée, ils couvrent presque entièrement l'aire du préau, la présence des chats ne les intimident pas, se contentant de s'écarter, pour leur laisser juste assez de place, pour leur permettre de passer.

Depuis qu'il a été décidé que l'établissement sera définitif, on travaille fiévreusement : on cuit des briques, des tuiles, on scie des planches, en un mot on prépare tous les matériaux des constructions définitives.

A 5 heures, tout le monde rentre harassé. Ceux qui viennent de la briqueterie sont noirs de poussière ; ils s'empressent de se laver et de se visiter les pieds, c'est que la *(djique)* puce pénétrante se multiplie et pullule dans cette terre humide. D'aucuns y ont perdu les ongles des orteils.

Comme la température va baisser brusquement, tout le monde va endosser des vêtements plus épais. Dans la nuit parfois, le thermomètre descend à 2 degrés.

Un de ces après-dîner, comme je grelotte malgré mon pardessus, le Père Van Winckel me conduit au réfectoire, y casser une croûte de pain frais, arrosée d'un verre d'alcool, de la fabrication de ce diable, de Frère Joseph, ancien trompette aux chasseurs à cheval. Avec un pot indigène, une calebasse, des branches de bambou, il a fabriqué un alambic. Les verres faisant défaut, on les remplace avantageusement (au point de vue de la capacité), par les petits pots à Liebig, que les passagers ont laissés.

Le vieux Père Van Acker, venu aussi prendre un apéritif, rougit, gêné comme un écolier pris en faute : « Allons, mon Père, quel bonheur de vous voir arriver si à propos, nous allons vider ce verre à mon complet rétablissement. »

Ce qu'il est timide, ce brave homme ! Ici, l'on raconte cette anecdote.

Le Père Auguste, en Afrique depuis de nombreuses années, connaît la région, les coutumes et les dialectes des habitants, tout aussi bien qu'il connaît sa grande pipe de racine, vieille compagne des bons et des mauvais jours. Par complaisance, il accompagnait dans ses pérégrinations, M. Le Mayeur, chef d'une mission scientifique. Le Mayeur a de grandes capacités, personne n'en doute, surtout lui, car il ne connaît pas le péché de modestie, n'hésitant jamais à donner des leçons à ceux dont il pourrait en recevoir.

Un jour, un long jour, qu'on avait beaucoup peiné, travaillé sans repos, ni nourriture, quelqu'un prenant en pitié le vieux Père, un peu caduc, lui glissa en catimini, un biscuit de mer, que le Père épuisé se mit à grignoter très discrètement.

Mais ce geste furtif n'a pas échappé à l'homme qui voit tout, qui sait tout ; aussitôt, l'air profondément indigné : « Comment, Père ! vous mangez entre vos repas ! » *Entre vos repas*, le pauvre qui n'avait encore rien avalé de la journée, sentit le rouge de la honte envahir son front ravagé, et il rentra sous terre.

Mais les roseaux, qui par là sont nombreux, entendirent le propos, et quand les vents impétueux les courbent et les humilient, ils content entre eux le fait, crissant et ricanant, puis se redressant ils proclament : LE MAYEUR EST UN GRAND HOMME, IL EST INIMITABLE.

Au déclin d'une journée bien remplie, le Père Van Acker et moi, sommes assis côte à côte, tandis que les spirales bleuâtres s'élèvent de la vieille bouffarde du prêtre ; nos yeux machinalement suivent la course de ce gros nuage, qui disparaît derrière la colline.

Peignant sa grande barbe de ses longs doigts amaigris, mon voisin me conte ses peines et ses espérances. S'étant surmené dans les derniers temps, il a eu plusieurs accès de fièvre ; il a été question de le

rapatrier. Quand je verrai Monseigneur, je dois lui rapporter, que sa santé est maintenant aussi robuste que celle de n'importe qui. C'est que bientôt, les matériaux seront à pied d'œuvre. Qu'on lui renvoie ses plans, avec l'autorisation de bâtir, et la station nouvelle va surgir. Là-bas, sur l'esplanade, s'élèvera l'église, plus modeste que celle de Baudoinville, mais combien plus gracieuse!

Alors, il aspire fortement la fumée du tabac, pour la renvoyer en flocons tourbillonnants. Une joie céleste éclaire sa figure ravagée, tandis que dans le brouillard, ses yeux perçoivent distinctement les bâtiments neufs, rougeoyant dans la lumière du soleil couchant.

« Je voudrais dire ma dernière messe dans la nouvelle église, puis enfin aller dormir de mon dernier sommeil dans ce champ de sorgho, qui sera notre champ de repos. »

Alors, il ferme les yeux et se recueille, ses traits fatigués se distendent, ses rides s'effacent, et à voir son teint de cire, ses paupières violâtres, on dirait que la mort a consommé son œuvre.

Quand les derniers rayons solaires ont disparu derrière la crête rocheuse, une brise glacée vient nous faire frissonner. Alors, grinçant les dents, toussottant, je me mets à vomir des propos pleins de fiel, prenant à partie les hauts fonctionnaires, leur reprochant leur inertie : un gouverneur et un commandant de la force publique, qui jamais n'ont quitté Boma, qui ne se donnent même pas la peine, de jeter un coup d'œil sur les tas de paperasses, que leurs nombreux chefs de service réclament, par ordre.

Voilà un an, déjà, qu'on me ballotte d'un point à un autre; qu'on me laisse quelque part, n'importe où, que je puisse y faire œuvre qui vaille. Tantôt, on me reprochera de n'avoir rendu aucun service.

Savez-vous où réside le vrai gouverneur? Il trône rue Bréderode, entouré de satellites. A eux, les honneurs et les pensions; ici, la fièvre, la dysenterie, et pour finir une croix de bois.

Alors, le Père conciliant : « Oui, mon ami, vous êtes malade, cela se voit, ils parlent tous comme vous à leur début; quand vous serez acclimaté, que vous serez mieux portant, vous verrez les choses sous un autre jour, et vous serez heureux aussi, de pouvoir coopérer à l'œuvre commune.

IMPRIMERIE SCIENTIFIQUE CHARLES BULENS,
ÉDITEUR, RUE TERRE-NEUVE, 75, BRUXELLES

CH. BULENS
IMPRIMEUR-ÉDITEUR
75, RUE DE TERRE-NEUVE
BRUXELLES